Hockeytraining

Josef Marx/ Günter Wagner

Hockeytraining

Spielgemäße Einführung

Meyer & Meyer Verlag

Die Deutsche Bibliothek - CIP-Einheitsaufnahme

Marx, Josef:
Hockeytraining / spielgemäße Einführung / Josef Marx ; Günter Wagner.
- 2. überarb. Neuaufl. -
- Aachen : Meyer und Meyer, 2000
ISBN 3-89124-282-4
NE: Wagner, Günter

Olten (CH), Wien, Oxford, Québec, Lansing/ Michigan,
Adelaide, Auckland, Johannesburg, Budapest
2. überarbeitete Neuauflage des 1986 im Hans Putty Verlag
erschienenen Buches unter dem Titel
„Spielgemäße Einführung in das Sportspiel Hockey in Schule und Verein"
Titelfoto: Sportpressefoto Bongarts, Hamburg
Grafiken: Josef Marx, Düsseldorf
Fotos: Horst Mevißen, Krefeld und Josef Marx, Düsseldorf
Satz: Dagmar Schmitz, Typeline, Aachen
Umschlaggestaltung: Birgit Engelen, Stolberg
Umschlag- und Satzbelichtung: frw, Reiner Wahlen, Aachen
Druck: Burg Verlag Gastinger GmbH, Stolberg
Printed in Germany
ISBN 3-89124-282-4
E-Mail: verlag@meyer-meyer-sports.com

Inhaltsverzeichnis

Seite

Vorwort zur 1. Auflage

Durch die Erfolge der deutschen Hockey-Nationalmannschaften bei internationalen Wettbewerben ist Hockey in der Bundesrepublik Deutschland zu einem erfolgreichen Sportspiel geworden.

In den Richtlinien für die Schulen nimmt es als alternatives Torschußspiel seinen berechtigten Platz ein.

Als „körperloses Spiel" ist es gleichermaßen für Jungen und Mädchen geeignet und vermittelt ihnen vielfältige Spielfreude und Spielerlebnisse. Der Deutsche Hockey-Bund fördert durch gezielte Maßnahmen im Schüler- und Jugendbereich, in Schule und Verein Interesse und Bereitschaft zum Hockeyspiel.

Gerade in der Schule fällt auf, daß viele Lehrer Schwellenängste gegenüber dem Hockeyspiel zeigen, weil sie während ihrer Ausbildung keine Berührungspunkte mit diesem Spiel hatten. Diesem Mangel soll durch überschaubare Hilfestellungen, die auch dem Übungs- und Vereinstrainer im Schüler- und Jugendbereich zu Gute kommen, entgegengewirkt werden.

Langjährige Tätigkeit in der Schule und an der Universität bilden die Basis für das vorliegende Buch. Die Verknüpfung von Lehre und Praxis ließ sich hier optimieren.

Wir danken an dieser Stelle dem Deutschen Hockey-Bund, unter Federführung von Herrn Wolfgang Hillmann, für die freundliche Unterstützung. Ferner gilt unser Dank Herrn Horst Mevißen für die fotographischen Arbeiten, Herrn Lutz Thiesen für seine drucktechnischen Beratungen sowie Frau Hilde Marx für ihren unermüdlichen Schreibeinsatz.

Josef Marx *Günter Wagner*

Vorwort zur 1. Auflage

Die Entwicklung des Hockeysports hat in den letzten Jahren einen großen Aufschwung genommen und erfreut sich vornehmlich bei der heranwachsenden Jugend ansteigender Popularität.

Immer mehr findet Hockey an den Schulen und bei der Jugend in den Vereinen Anklang, und deshalb entspricht es einem echten Bedürfnis, wenn ein Lehrbuch für die Arbeit in Schule und Verein den Lehrern - hier speziell den hockeyunerfahrenen - sowie den Übungsleitern und Trainern im Verein wertvolle Hilfe bei der Gestaltung des Lehr- und Trainingsbetriebes gibt.

Bei dem vorliegenden Buch erkennt man die Synthese von Lehre und Praxis. Es zeichnet sich dadurch aus, dass die Verfasser mit ihrem spielgemäßen Konzept das Spiel in den Mittelpunkt stellen und somit den Lernenden von Beginn an Hockey spielen lassen.

Die neuartige Form des Buches bietet einen interessanten Aspekt, mit einfachen Mitteln eine große Vielfalt an Übungsmöglichkeiten motivationsfördernd einzusetzen.

Der Deutsche Hockey-Bund kann dieses Buch für den Einsatz in Schule und Verein bestens empfehlen.

Wolfgang Hillmann

Vorwort

Intensiv versucht der Deutsche Hockey-Bund, zu den großen Erfolge seiner Nationalmannschaften, die Breitenwirkung des Hockeysportes durch qualifiziertes Kinder- und Jugendtraining der Vereine sowie durch Schulhockey zu erweitern.

Eine umfassende Arbeitsgrundlage „Hockey" für Lehrer im Schulhockey und für Trainer im Vereinsjugendbereich mit vielen spielgemäßen Formen ist äußerst wichtig und willkommen.

Dieses Buch zeigt eine gute Verbindung von Übungs- und Spielformen für den direkten Praxisgebrauch.

Es ermöglicht Lehrern ohne große Vorkenntnisse einen abwechslungsreichen Hockeyunterricht und bietet Trainern im Vereinsjugendbereich viele Anregungen für ihr Training.

Ich kann dieses Buch sehr empfehlen.

Bernhard Peters
(ehem. Bundestrainer Deutscher Hockey-Bund)

Vorwort zur 2. überarbeiteten Auflage

Mit der vorliegenden, überarbeiteten Fassung ist es den Autoren gelungen, die Entwicklungen im Hockey in schriftlicher und bildlicher Darstellung zu ergänzen bzw. zu erweitern. Es ist ein praxisorientiertes Handbuch für die Trainingsarbeit im Verein und ist somit ein idealer Leitfaden sowohl für Hockeyneulinge als auch für den fortgeschrittenen Trainer, Übungsleiter und Spieler. Daher sollte das Buch im Bücherregal eines jeden Hockeybegeisterten seinen Platz finden.

Heino Knuf
(Bundestrainer Deutscher Hockey-Bund)

Vorbemerkung

Nachdem das Hockeyspiel in den letzten Jahren als alternatives Torschußspiel im Schul- und Freizeitsport immer mehr Verbreitung gefunden hat, scheint es uns angebracht, der Entwicklung mit einem Werk Rechnung zu tragen, das sowohl der vermehrten Hinwendung zum Hockeyspiel, als auch der neuen didaktisch-methodischen Entwicklung bei den Sportspielen gerecht wird.

Adressatenkreis

Als Zielgruppe für dieses Werk sehen wir in erster Linie Lehrer - besonders diejenigen ohne Hockeyerfahrung - Studierende, Übungsleiter und Vereinstrainer im Schüler- und Jugendbereich an.

Didaktisch-methodischer Ansatz

Angelehnt an den aktuellen Diskussionsstand zur Vermittlung der Sportspiele - spielgemäßer Beginn für den Anfänger, Berücksichtigung der kindlichen Lernfähigkeit und seine Entwicklung im Spielverhalten, überschaubare Lernschritte, reparable Fehlerbilder, Vermeidung von Mißerfolgen und Motivationseinbußen, Befähigung zum lebenslangen Sport - wurde dieses Buch konzipiert.

Ausgegangen wird vom einfachsten Spielgedanken bei den Sportspielen, dem Kampf mit einem Gegner um den Ball, um Tore zu erzielen bzw. Tore zu verhindern. Auf dieser Grundform aufbauend wurde ein spielgemäßes Konzept entwickelt, das die Erweiterung der Grundform zum komplexeren Gebilde beeinhaltet. Das führte zu fünf Spielsituationen, in denen der Anfänger vom einfachsten Spiel bis zum regelgerechten Sportspiel Hockey gelangt. Insofern bewältigt der Spieler von Beginn an die ständig wechselnden Situationen des Angreifens und Verteidigens, d.h.: **Er spielt sofort Hockey!**

Um in den einzelnen Spielsituationen sofort Hockey spielen zu können, erfolgt für die spätere Spielkompetenz des Spielers eine Ausbildung, die die technischen Fertigkeiten und taktischen Elemente schult sowie das komplizierte Regelwerk analog den erworbenen Grundlagen sukzessive erweitert.

Handhabung des Buches

Das Buch ist in fünf Spielsituationen aufgeteilt:

1. Tore schieben - Tore vermeiden
2. Tore erzielen mittels Freilaufen und Passen - Tore verhindern mittels Störer
3. Torsituationen herausarbeiten - Torsituationen vereiteln
4. Spielaufbau betreiben - Spielaufbau unterbinden
5. Regelgerechtes Spiel/Angreifen - Abwehren

Jede Spielsituation ist in Einzelbilder unterteilt.

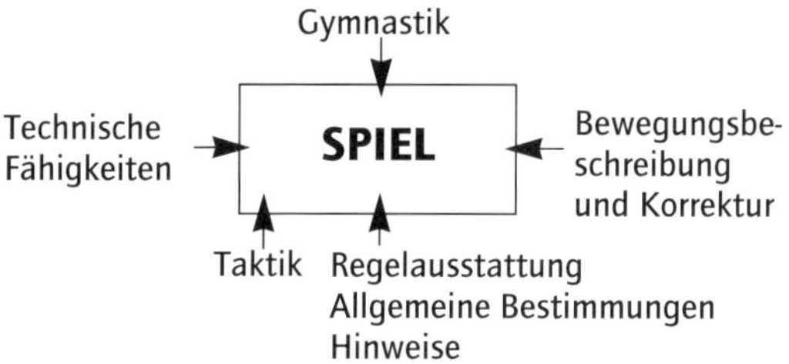

Die Zentraleinheit jeden Einzelbildes stellt das Spiel dar. An ihm orientieren sich die technischen Fertigkeiten, die in Übungs-, spielerisch eingekleideten Übungs- und Spielformen erlernt werden. Diese Formen sind frei abrufbar und müssen nicht grundsätzlich alle in methodisch zwingender Abfolge durchgeführt werden. Ebenso lehnen sich die taktischen Überlegungen sowie die kontinuierlich aufbauenden Regelausstattungen und Hinweise an das Spiel an. Bewegungsbeschreibungen, die durch Abbildungen noch zusätzlich verdeutlicht werden, sollen den Leser in die Lage versetzen, Bewegungsabläufe zu analysieren, korrekt zu erfassen und präzise weiterzuvermitteln. Die anschließend aufgezeigten Fehlerbilder mit den analogen Fehlerbilderkorrekturen ermöglichen, auf grundlegende und häufig bei Lernenden zu beobachtende Fehler einzugehen und durch gezielte Anweisungen abzustellen.
Die vorangestellten Gymnastikteile sind als Einzel-, Partner- und Gruppenübungen mit und ohne Hockeyschläger aufgebaut. Sie sollen unter anderem der Vorbereitung und Einstellung des Organismus auf funktionelle Beanspruchung im Spiel dienen.
Die Gymnastikteile sind nicht an bestimmte Spielsituationen gebunden und in jedem Einzelbild einsetzbar.
Dem Lehrenden steht eine große Vielfalt an Variationsmöglichkeiten zur eigenen Unterrichtsplanung und Unterrichtsgestaltung für seine speziellen Voraussetzungen in bezug auf Raum, Ausstattung und Lerngruppe zur Verfügung.
Er kann innerhalb einer Spielsituation die Übungs- und Spielformen sowie das Spiel kombinieren.

Zeichenerklärung

Spieler

Torwart

Weg des Balles

Weg des Spielers ohne Ball

Weg des Spielers mit Ball

Anhalten des Balles

Fintieren

Begleitende Abwehr

Schlenzball

Torschuß

Numerierung der Spieler

Reihenfolge von Bewegungen eines Spielers

Reihenfolge von Ballwegen

Verbindungsgerade

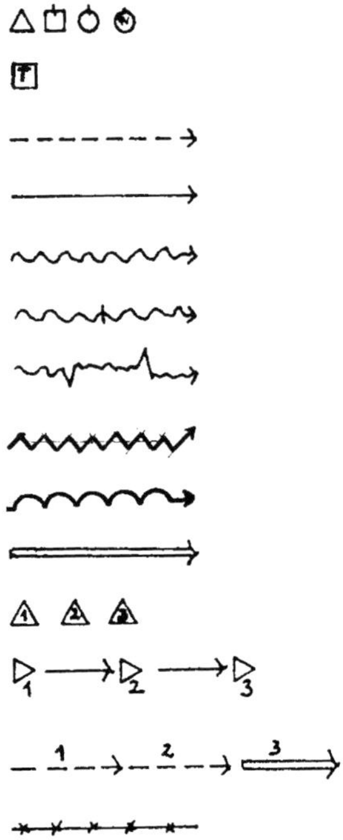

Zeichenerklärung

Hockeyball	•
Hockeystock	J
Tor	
Schußkreis	
Offen-Tor	
Grenzfahnenstange	
Kegel	
Keule	
kleiner Kasten	
großer Kasten	
Langbank	
Bande	
Mal	
Gymnastikreifen	
Ball	
Feld/Kleinfeld/Halle	**F/K/H**
Vorhand	**Vh**
Rückhand	**Rh**

1. Gymnastik

1.1 Gymnastik mit dem Hockeystock

1. Grundstellung

1.

Wedelhüpfen über den Stock rechts/links im Wechsel.

2. Grätschstand

2.

Aus der Tiefhalte hinten den Stock soweit wie möglich vom Rumpf wegheben.

Zusätzliche Rumpfbeuge vorwärts erschwert die Übung.

3. Grätschsitz

Stock in die Hochhalte bringen und in die Rückenlage gehen; schnelles Aufrichten in die Ausgangsstellung.

4. Grätschstand

4.

Rumpfbeugen seitwärts nach links und rechts (nachfedern).

5. Strecksitz

Durchhocken und Strecken der Beine.

5.

6. Bauchlage

Stock leicht nach oben bringen, dabei berührt die Nase fast den Boden.

6.

7. Schneidersitz

In der Hüfte links/rechts drehen und nachfedern.

7.

8. Grätschkniestand

Rumpf langsam rückwärts senken, dann - Stock in Hochhalte über dem Kopf - langsam vorwärts beugen.

8.

9. Grätschsitz

Langsam die Hüfte anheben und wieder senken.

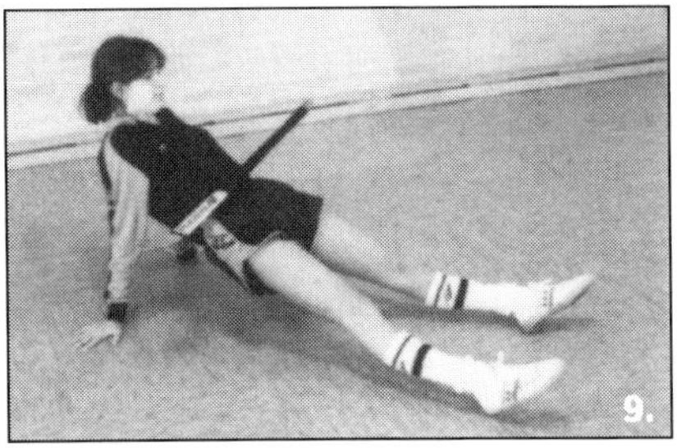

10. Sitz

Rumpfbeugen nach allen Seiten, der Stock berührt, so weit wie möglich, vom Rumpf entfernt das gestreckte Bein.

11. Grundstellung

Beine links/rechts im Wechsel hochschwingen; der Spann berührt leicht den Stock.

12. Liegestütz seitlings

Der Stock liegt längs neben dem Spieler auf dem Boden. Mit der freien Hand faßt der Spieler den Stock und legt ihn auf die andere Seite (Seitenwechsel).

13. Stand

13.

Hüpfen über den Stock links/rechts im Wechsel. (Nicht zu tief in die Hocke gehen!)

14. Grätschstand

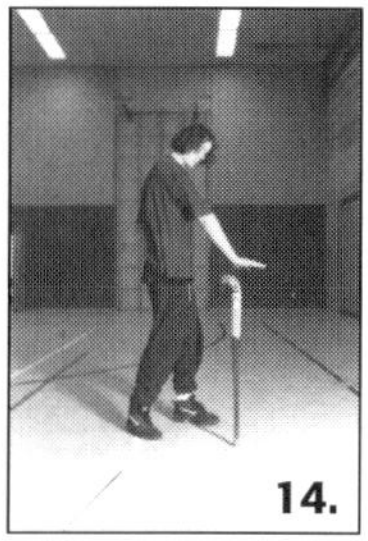
14.

Hand vom Stock nehmen und schnell um die eigene Achse drehen; Hand wieder auf den Stock bringen.

15. Kniestand

15.

Den Stock federnd immer weiter nach links und dann nach rechts auf den Boden legen.

16. Rückenlage

16.

Stock zwischen den Füßen über den Kopf nach hinten auf den Boden bringen.

1.2 Dehnungsübungen

1. Schrittstellung

Große Schrittstellung, hinteres Bein strecken, starke Hüftbeugung.

1.

2. Knieliegestütz

Oberkörper nach hinten bewegen, Finger zeigen nach hinten.

2.

3. Grundstellung

Linken bzw. rechten Arm mit der anderen Hand weit seitlich nach hinten drücken.

3.

4. Grätschstellung

Oberkörperseitbeuge

4.

5. Grundstellung

Ferse gegen das Gesäß drücken und Knie nach hinten bewegen, Oberkörper langsam aufrichten.

5.

6. Grundstellung

Den gebeugten Arm hinter den Kopf führen, während sich der Oberkörper weit zur Seite neigt.

6.

7. Rückenlage

Den Kopf nach oben vorne drücken, bis spürbare Dehnung eintritt.

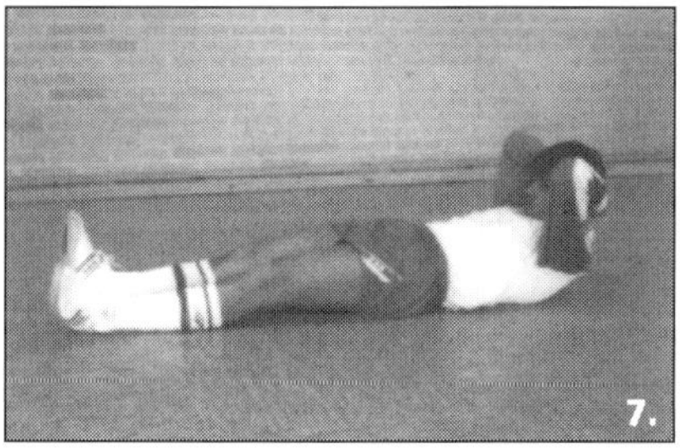

7.

8. Bauchlage

Die Hände greifen die Füße; Füße langsam zum Gesäß ziehen.

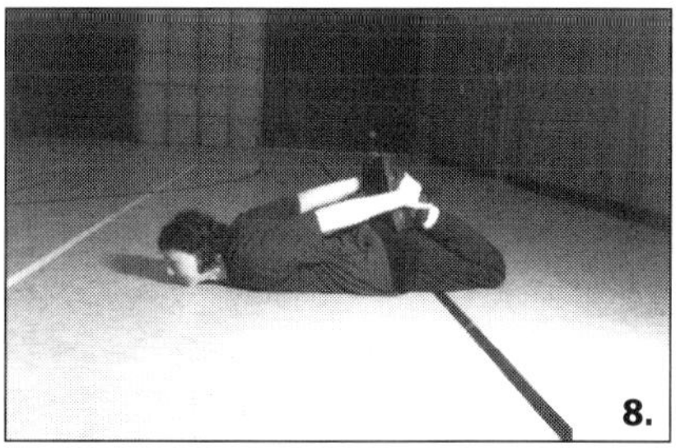

8.

9. Sitz

Nach-unten-drücken der fest an den Körper herangezogenen Beine.

9.

10. Rückenlage

„Päckchen"

10.

11. Fersensitz

Die Knie sind geschlossen, die Fußrücken liegen auf dem Boden und die Fersen berühren sich.

11.

12. Hocke

Linkes Bein strecken; linke Hand drückt Knie leicht nach unten; Bein und Hand im Wechsel.

12.

13. Seitgrätschstellung

Das Bein seitlich mit durchgedrücktem Kniegelenk abspreizen; die Hände unterstützen die Dehnung.

13.

14. Schneidersitz

Stark gespreizte Oberschenkel; die Arme mit nach oben geöffneten Handflächen nach oben strecken.

14.

15. Rückenlage

Das ausgestreckte Bein liegt am Boden, das gebeugte Bein wird mit den Händen unterhalb des Knies fixiert und dann gestreckt.

15.

16. Grundstellung

Die Beine sind gestreckt. Oberkörper in der Hüfte abknicken, und die Hände auf die Keule legen; Oberkörper nach unten drücken.

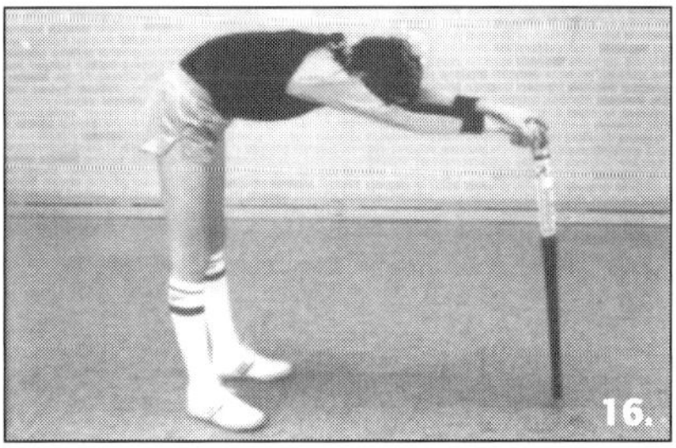
16.

17. Grätschstand

Oberkörpertiefbeuge

17.

18. Grundstellung

Mit gestrecktem Arm die Wand berühren; Körper dreht seitlich.

18.

19. Grundstellung

Ein Arm stützt in der Hüfte, mit der Hand des anderen Arms den Kopf fassen und zur Seite ziehen.

19.

20. Hocksitz

Oberkörper nach vorne beugen, Knie nach außen fallen lassen.

20.

21. Hockstand

In der Hocke die Knie mit den Oberarmen nach außen drücken.

21.

22. Grundstellung

Hände hinter dem Rücken falten, Oberkörper beugen und Arme strecken.

22.

23. Rückenlage

Füße hinter dem Kopf auf dem Boden aufsetzen, Knie durchdrücken, Arme strecken.

23.

24. Grundstellung

Linken Arm nach oben strecken, rechte Hand zieht rechten Fuß an das Gesäß; im Wechsel.

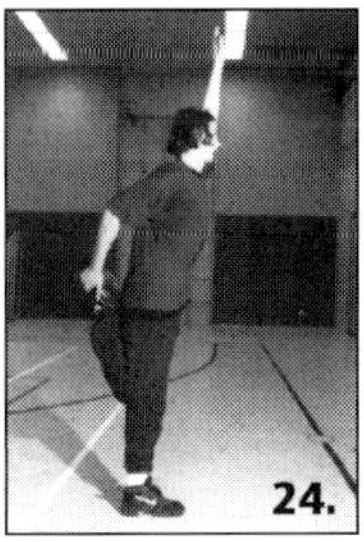

24.

1.3 Partnergymnastik mit dem Hockeystock

1. Hockstand

In der halben Hocke mit gestreckten Armen am Stock halten.

1.

2. Rückenlage

Liegestütz auf dem Stock des Partners.

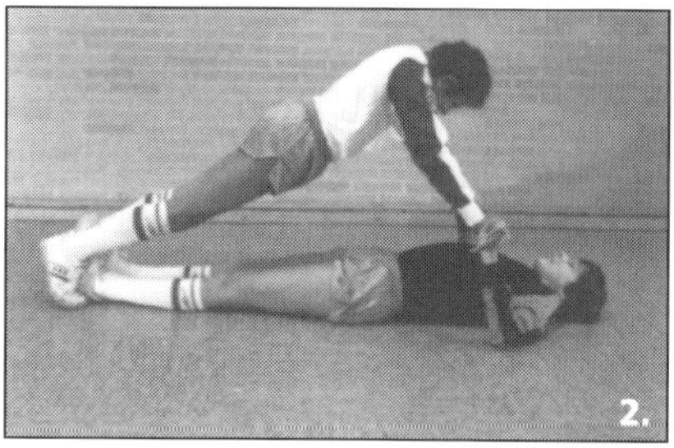

2.

3. Kniestand

Zwischen den Armen und dem Stock des Partners hindurchsteigen, ohne den Partner oder Stock zu berühren.

3.

4. Rückenlage

Langsames Vor- und Rückbeugen. Knie leicht anwinkeln!

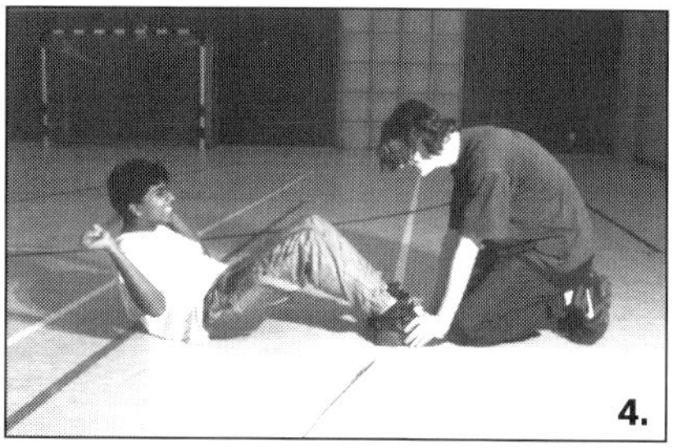

4.

5. Ausfallschritt

Abwechselnd den Rumpf vor- und zurückschieben; zusätzlich Stock wechselseitig vor- und zurückschieben; Füße bleiben in Ausgangsstellung.

6. Ausfallschritt

Die Partner drücken kräftig gegen den Stock.

7. Grundstellung

A hält seinen Stock neben seiner Schulter; B streckt seine Arme nach vorne und drückt den Stock gegen den Widerstand von A weg.

8. Bauchlage

Bei geradem Rücken den Oberkörper nur leicht vom Boden abheben und den Stock gegen den Widerstand des Partners wegdrücken.

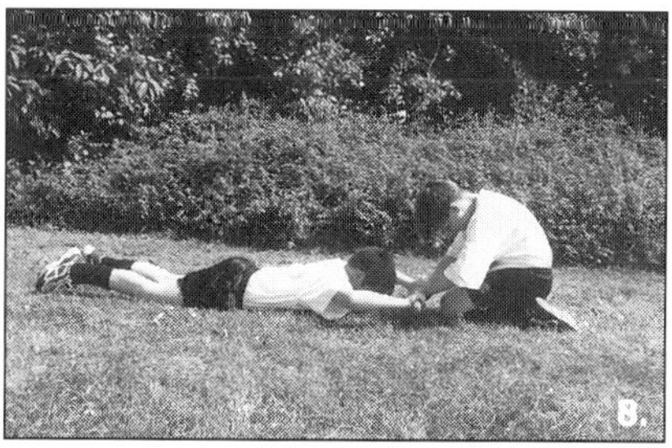

9. Strecksitz

Partner heben linkes bzw. rechtes Bein gleichzeitig hoch und grätschen außerhalb des Stockes.

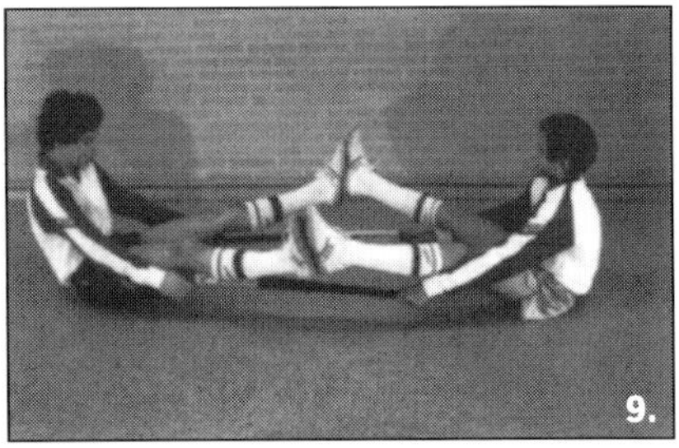

9.

10. Grundstellung

Zwischen Stock und Arme des Partners hindurchkriechen, ohne sie zu berühren.

10.

11. Grundstellung

A dreht sich mit dem Stock in der Hand um sich selbst; B überspringt den Stock (mit einem Bein, mit geschlossenen Beinen).

11.

12. Strecksitz

Rumpfbeuge vorwärts und gleichzeitiges Ziehen des Partners auf den eigenen Rücken.

12.

13. Hocksitz

Abwechselndes Aufrichten und Setzen der Partner; beide Partner richten sich gleichzeitig auf und setzen sich gleichzeitig. (Halbe Hocke!)

13.

14.

14. Grundstellung

Die Stöcke zuwerfen und auffangen (mit beiden Händen: Stock waagerecht/senkrecht; mit einer Hand: Stock waagerecht/senkrecht).

15.

15. Kniestand

Rumpf abwechselnd nach links und rechts beugen.

16.

16. Grätschsitz

Partner leicht nach vorne ziehen.

1.4 Dehnungsübungen mit Partner

1. Fersensitz

Weites Beingrätschen mit gleichzeitigem Hüftbeugen.

1.

2. Grundstellung

Schulterdrehung mit Ausfallschritt.

2.

3. Schrittstellung

Schulterstreckung in Schrittstellung.

3.

4. Schrittstellung

Gleichzeitiges Heben und Senken des Oberkörpers.

4.

5. Fersensitz

Kontrolliertes Rückbeugen; Partner bietet sicheren Widerstand.

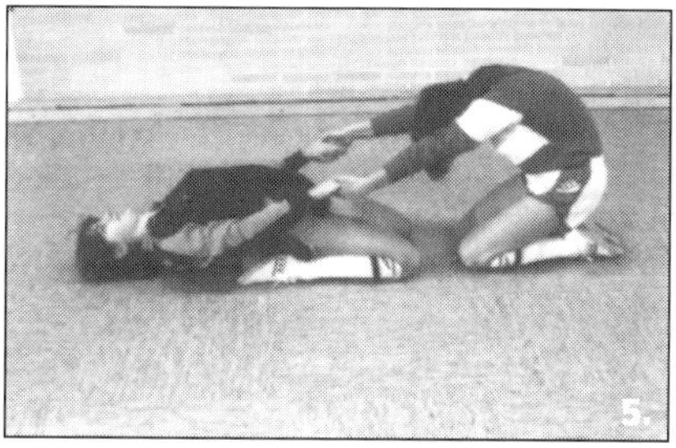

5.

6. Seitgrätschstellung

Seitbeuge.

6.

7. Bauchlage

Partner führt die gestreckten Arme aneinander.

7.

8. Schrittstellung

Rücken an Rücken; Handfassung über dem Kopf; Schritt in die Beuge.

8.

9. Rückenlage

Vorsichtiges Vorgehen mit dem Oberkörper gegen das Bein des Liegenden.

10. Schrittstellung

Überkreuztes Hin- und Hersägen.

11. Strecksitz

Partner zieht die Ellenbogen und Oberarme weit nach hinten oben.

12. Bank

Schulterdrücken gegen Widerstand des Partners.

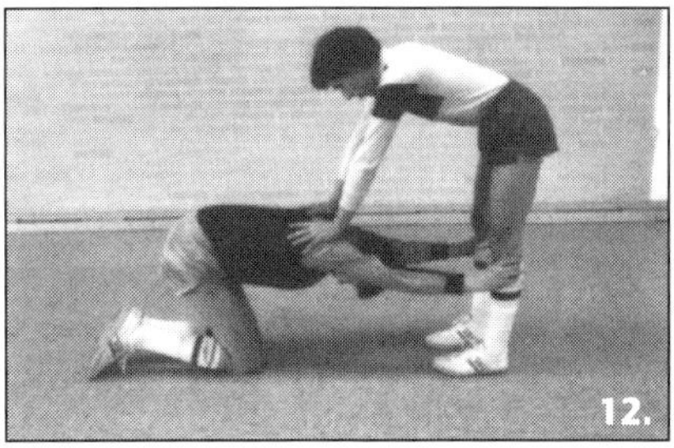

13. Grundstellung

Bein vorspreizen; Partner drückt das Bein leicht hoch.

14. Sitz

Mit dem Bein den geraden Rücken des Partners fixieren und langsam die Arme nach oben hinten in eine Dehnposition ziehen.

15. Seitgrätschstellung

Hände fassen und seitlich nach oben schwingen.

16. Schrittstellung

Langsame Gewichtsverlagerung auf das vordere gebeugte Bein, Kopf zurücknehmen. Brustkorb bewußt nach vorne wölben.

17. Grundstellung

Partner spreizen und fassen rechtes bzw. linkes Bein; Kreishüpfen.

17.

18. Schrittstellung

Wechselseitiges Aufwärtsziehen des Oberkörpers.

18.

19. Seitgrätschstellung

Oberkörper nach links und rechts drehen.

19.

20. Grätschwinkelstand

Rumpfdrehen nach links und rechts.

20.

21. Grundstellung

Seitwärtsspreizen des linken/rechten Beines; lockeres Schwingen.

22. Bauchlage

Kontrolliertes Drücken beider Fersen zum Gesäß.

23. Grätschwinkelstand

Rhythmisches Wippen des Oberkörpers bei geradem Rücken.

24. Grundstellung

Arme einhaken, Oberkörper nach links/rechts beugen.

1.5 Gymnastik in der Gruppe mit dem Hockeystock

1. Vierfüßlergang vorlings

Auf Händen und Zehenspitzen die Stöcke überkrabbeln.

1.

2. Vierfüßlergang rücklings

Sich im Vierfüßlergang rücklings vorwärts über die Stöcke bewegen.

2.

3. Hüpfen

Hüpfen über die Stöcke in leichter Hockhaltung.

3.

4. Laufen

Stöcke liegen im Feld verstreut, rückwärts laufen, ohne die Stöcke zu berühren.

4.

5. Laufen

Die Stockbahn umlaufen; Temposteigerung/ Richtungswechsel.

6. Laufen

Im Slalom die Stockbahn umlaufen; Temposteigerung/Richtungswechsel.

7. Seitstellschritte

Im Slalom mit Seitstellschritten durch die Stockbahn laufen (Front immer zum vorderen Stock).

8. Laufen

Vorwärtslaufen über die Stöcke; pro Zwischenraum ein Bodenkontakt.

9. Seitgalopp

Seitgalopp über die Stöcke; Körperseite wechseln.

9.

10. Hopserlauf

Hopserlauf über die Stöcke.

10.

11. Hüpfen

Einbeiniges Hüpfen über die Stöcke; links/rechts im Wechsel.

11.

12. Hüpfen

Beidbeiniges Hüpfen über die Stöcke; Armschwung vorwärts/rückwärts.

12.

13. Sprung

Schlußsprung vorwärts/rückwärts; Seitsprung links/rechts; Schrittsprung; Säbeltanz über die Stöcke.

14. Seitsprung

Seitsprünge links/rechts über die Stockreihe.

15. Stockhasch

Stöcke liegen im Feld verstreut, ein Stock weniger als Spieler; auf Zeichen Stöcke berühren (hier: Spinnengang).

16. Lauf

Schattenlaufen.

17. Strecksitz

Die gegenüberliegenden Paare: Rumpfsenken rückwärts in die Rückenlage oder Rumpfbeuge vorwärts; gegengleich/gleichzeitig alle.

18. Paarhasch

Zwei Paare fassen einen Stock mit ihren „inneren" Händen und schlagen ein anderes Paar ab.

19. Hürdenlauf

Im Kniesitz Stock in Hüfthöhe halten; die haltenden Spieler knien 1 m nebeneinander; Durchkriechen, Überlaufen, fortlaufendes Überspringen einbeinig und im Schlußsprung.

20. Klettern

Durch waagerechtes Fenster durchklettern.

2 Spielsituationen

2.1 Spielsituation 1
Tore schieben – Tore vermeiden

2.1.1 Schiebt Tore

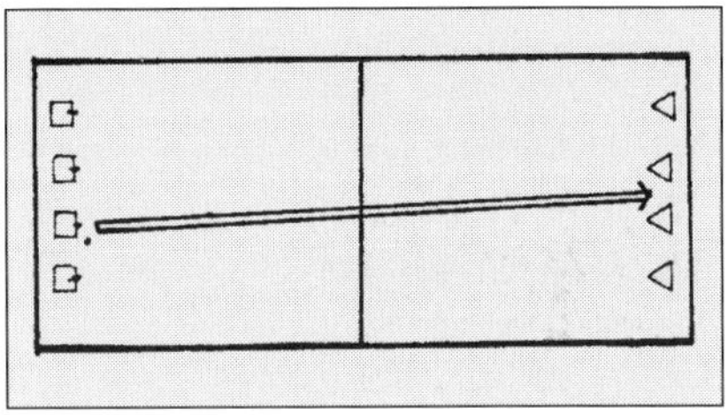

1. Spiel

Das Spielfeld wird in zwei gleichgroße Felder und die Gruppe in zwei gleichstarke Parteien eingeteilt. Die Parteien versuchen von ihrer Torlinie aus, den Ball über die gegnerische Torlinie zu schieben. Die Überquerung der Torlinie bzw. Wandberührung zählen als Torerfolg. Fuß- und Stockfehler werden dem Gegner als Tore gutgeschrieben.

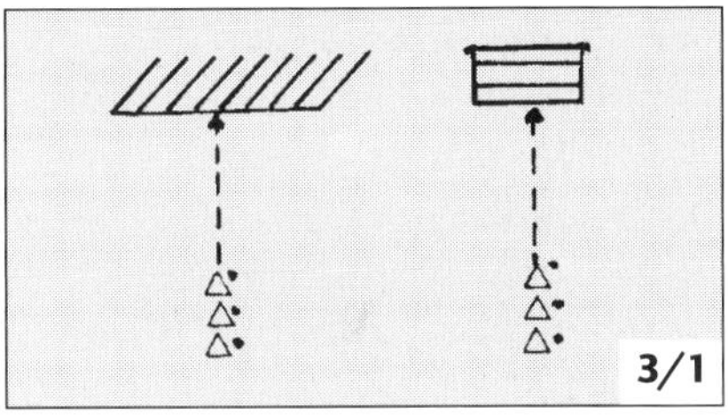

3/1

2. Taktik

a) Angriff

Versuche, Tore zu erzielen, indem du den Ball über die gegnerische Torlinie schiebst! Schiebe den Ball kräftig in das gegnerische Feld! Sieh dir die gegnerische Abwehrstellung genau an!

b) Abwehr

Versuche, Tore zu verhindern! Schirme die eigene Torlinie in voller Breite ab! Beobachte sofort nach dem Schieben den Angreifer!

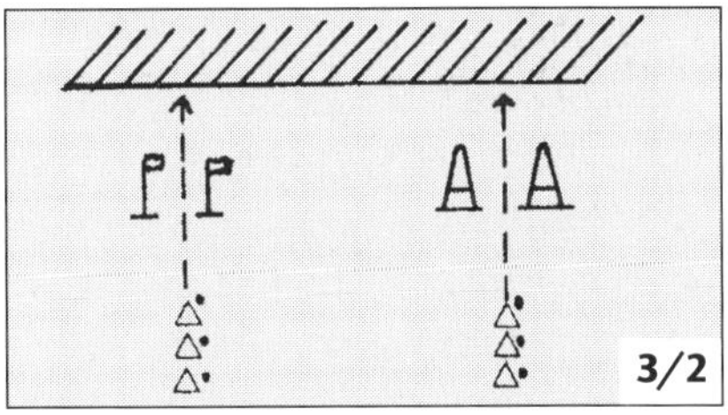

3/2

3. Technik

Vorhandschieben

1. Schieben gegen die Wand/gekippte Langbank/ kleinen Kasten/großen Kasten.
2. Schieben durch begrenzten Raum (durch Kegel/Medizinbälle/Grenzfahnenstangen/ kleine Kästen).
3. Zielschieben auf kleine Kästen/Kegel/ Bälle.

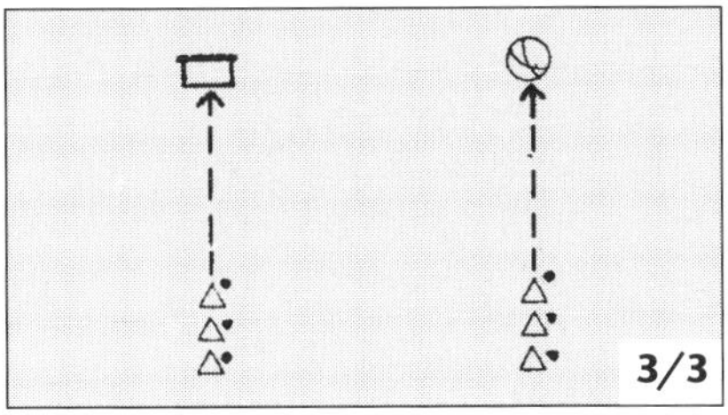

3/3

4. Kegeln

Die Spieler werden in mehrere gleichstarke Gruppen aufgeteilt. Im Abstand von ca. 8-10 m stehen Kegel/Keulen/Gymnastikbälle etc. . Die Kegel sollen wie beim Kegeln mittels Schiebepaß abgetroffen werden. *Welche Mannschaft hat zuerst alle Kegel getroffen?*

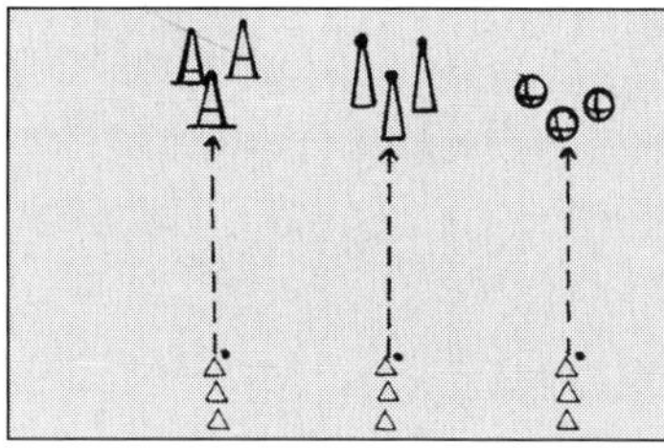

3/4

5. Kegelschießen

Zwei Parteien stehen sich in Linie gegenüber. In der Mitte befinden sich sechs gelbe und sechs rote Kegel. Auf ein Startzeichen hin versucht jede Mannschaft, durch Vorhandschieben die Kegel der anderen Mannschaft zu treffen. Wer einen Kegel der anderen Mannschaft aus seiner Lage geschossen hat, erhält einen Punkt.

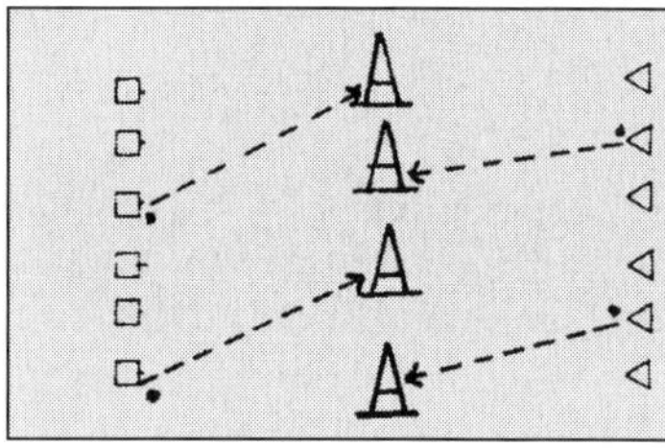

3/5

6. Balltreiben

Zwei Gruppen stehen sich in Linie gegenüber. In der Mitte des Feldes liegt zu Spielbeginn ein Ball, der auf ein Startzeichen durch Zielschiebepässe getroffen werden muß. *Welche Mannschaft kann den Ball näher zum Gegner treiben?*

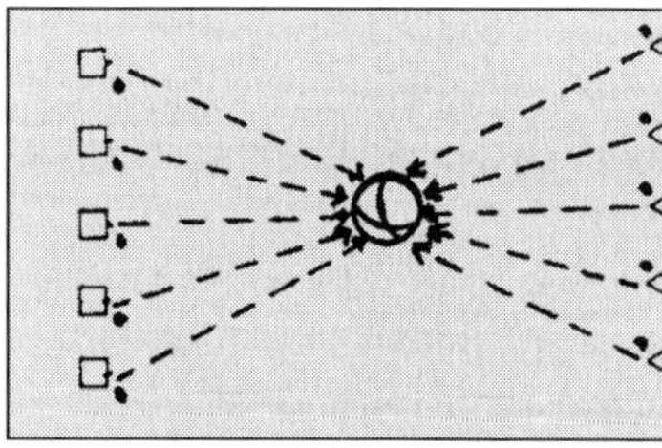

3/6

4. Bewegungsbeschreibung

Vorhandschiebepaß

1. Die linke Schulter zeigt in Paßrichtung.
2. Die Füße stehen in leichter Grätschstellung (schulterbreit) quer zur Paßrichtung.
3. Die Knie sind leicht gebeugt.
4. Die linke Hand greift am Stockende.
5. Linke Hand im Drehgriff (Handrücken zur Hallendecke).
6. Die rechte Hand ist ca. zwei Handbreiten unterhalb der linken Hand auf der Wicklung.
7. Der Handrücken der rechten Hand zeigt entgegen der Paßrichtung.
8. Der linke Unterarm bildet mit dem Stock etwa eine Gerade.
9. Die Handgelenke sind passiv gestreckt.
10. Der Stock steht mit ca. 45° Neigung zum Boden zwischen den Füßen, etwa 1-1,5 Fußlängen entfernt.
11. Die Keulenspitze zeigt nach oben.
12. Die Keule befindet sich direkt hinter dem Ball, senkrecht zum Boden.
13. Die rechte Schulter ist tiefer als die linke.
14. Bei der Ausholbewegung erfolgt kurze Gewichtsverlagerung auf hinteres (rechtes) Bein.
15. Die Schiebebewegung erfolgt durch schnelles Nachvorneschieben der rechten Hand; die rechte Hand überholt die linke.
16. Ein leichter Druck der linken Hand wirkt auf das Stockende.
17. Der Ball verläßt den Stock am linken Fuß.
18. Den Stock geradlinig nachführen (Zielgenauigkeit).
19. Die Keulenspitze zeigt nach oben.
20. Den Stock nicht über Schulterhöhe führen.

5. Fehlerbilder

Vorhandschiebepaß

1. Der Stock ist zu nah am Körper.
2. Die rechte Hand faßt direkt unter der linken Hand.
3. Die rechte Hand greift anstatt der linken Hand am Stockende.
4. Der Ball wird geschlagen.
5. Der Stock wird im Kreisbogen geführt.
6. Der Stock befindet sich über Schulterhöhe.
7. Zu kurze Stockführung/fehlende Richtungsgenauigkeit.

6. Fehlerbilderkorrektur

Vorhandschiebepaß

1. Setze die Keule etwa 1,5 Fuß vor den Körper!
2. Erweitere den Abstand auf etwa zwei Handbreiten!
3. Wechsle die Hände am Stockende!
4. Stelle die Keule direkt hinter den Ball; führe die Keule nur über den Boden; vermeide den Aufprallknall vom Stock auf den Ball; der Partner stellt seinen Fuß hinter die Keule!
5. Führe die Keule über eine eingezeichnete Gerade am Boden!
6. Bremse den Stock aktiv ab!
7. Führe die Keule länger hinter dem Ball her!

7. Regelausstattung

1. Du darfst nur am Spiel teilnehmen, wenn du einen Stock in der Hand trägst. (F/K/H)
2. Spiele den Ball nur mit der flachen Seite des Stockes. (F/K/H)
3. Lasse den Ball beim Schieben nur auf dem Boden rollen. (F/K/H)
4. Du darfst den Ball nicht mit einer Ausholbewegung schlagen. (H)
5. Führe die Keule nach dem Schieben nicht über Schulterhöhe (gefährliches Spiel). (F/K/H)
6. Berühre den Ball nicht mit dem Fuß oder dem Bein (Fußfehler). (F/K/H)

8. Allgemeine Bestimmungen

Der Stock

Der Stock muß auf der linken Seite abgeflacht sein. Zur flachen Seite des Stockes gehören die Keule und der Schaft in voller Länge (einschließlich Handgriff). Die Keule des Stockes muß aus Holz sein; sie muß abgerundete Kanten aufweisen. Das Gewicht des Stockes darf nicht mehr als 737 g betragen. Der Stock muß mit seinem Durchmesser durch einen Ring mit einem Innendurchmesser von 5,10 cm passen (Ringprobe). Über die Länge des Stockes wird in den Hockeyregeln des Deutschen Hockey-Bundes (DHB) keine Angabe gemacht. Es empfiehlt sich für Schüler eine Länge von 36".

2.1.2 Drei-Felder-Ball/ Dreierendball

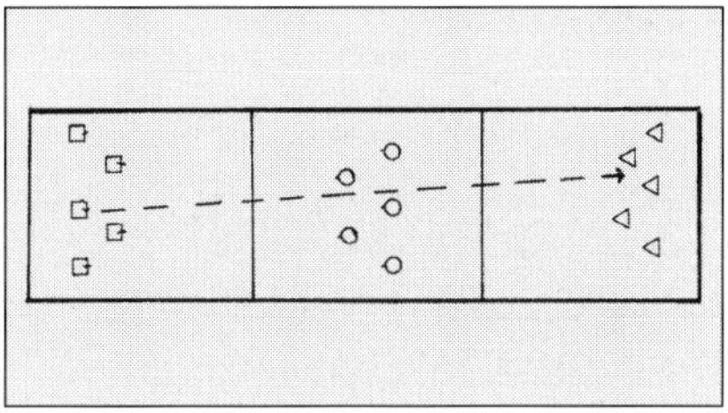

1. Spiel

Das Spielfeld wird in drei gleichgroße Felder eingeteilt; die drei Parteien sind gleichstark. In jedem Feld befindet sich eine Partei. Die Parteien in den Außenfeldern versuchen, sich den Ball zuzuschieben. Die Partei im Mittelfeld ist bemüht, dies zu verhindern. Der gestoppte Ball wird dem Gegner in das andere Endfeld weitergespielt. Jeder angehaltene bzw. gestoppte Ball zählt als Punkt. Fuß- und Stockfehler werden als Minuspunkte gewertet. Jede Mannschaft spielt einmal im Mittelfeld. Gewinner ist die Mannschaft, die in einer bestimmten Zeit die meisten Bälle gestoppt bzw. angehalten hat.

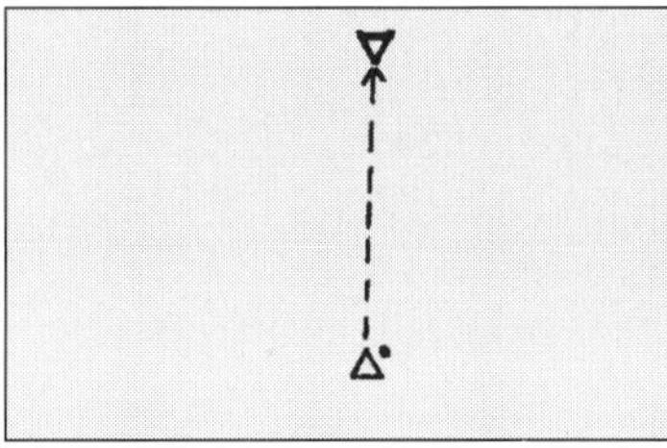

3/1

2. Taktik

a) Angriff

Spiele nach Ballkontrolle sofort weiter! Schiebe den Ball schnell und hart in das gegnerische Feld! Schiebe präzise auf die vorhandenen Lükken in der Abwehr!

b) Abwehr

Versuche, den Ball zunächst sicher zu stoppen (Ballkontrolle)! Verändere deine Stellung zum Ball, daß du ihn mit der Vorhandseite stoppen kannst! Stelle dich auf Lücke! Verteidige die eigene Torlinie!

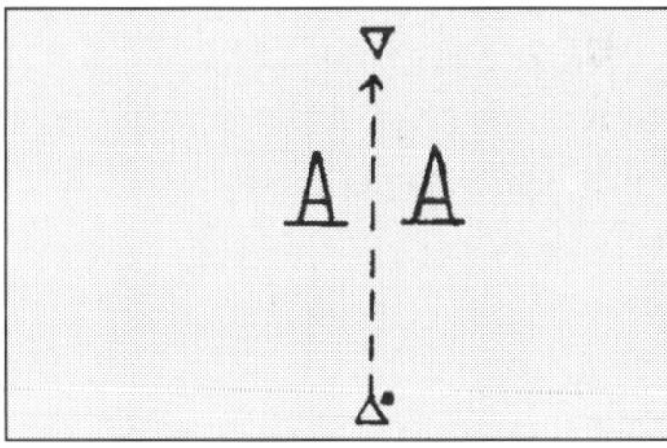

3/2

3. Technik

Vorhandschieben - Vorhandstoppen

1. Gefühlvoller Vorhandschiebepaß zum Partner, der den Ball stoppt.
2. Vorhandschiebepaß zum Partner durch begrenzten Raum (Kegel/Bälle/Grenzfahnenstangen/Springseile/Tellerfüße).
3. Schiebepaß zum Partner mit Nachlaufen auf eine neue Position in Dreier- bzw. Vierergruppe.

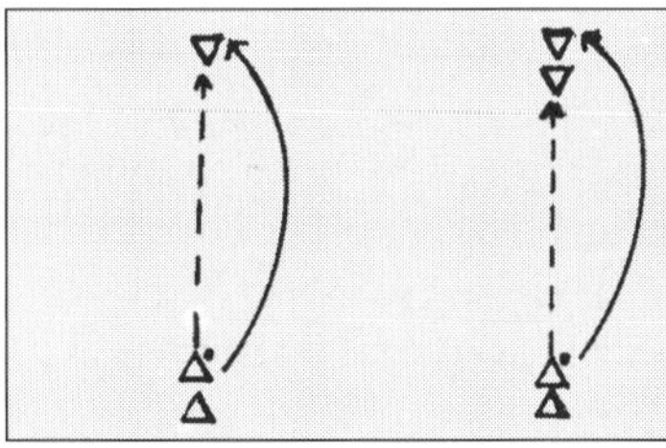

3/3

4. Ablöseball in Pyramidenaufstellung

Die Spieler stehen, wie abgebildet, in einer Linie. Der Zuspieler, der vor der Gruppe steht, schiebt den Ball seinen Mitspielern auf der Linie der Reihe nach zu. Jeder schiebt den Ball wieder an den Zuspieler zurück. Erhält der Gruppenletzte den Ball, tauschen Zuspieler und Nr.1 den Platz. Das Spiel wird in dieser Weise fortgesetzt, bis jeder einmal die Position des Zuspielers innehatte. *Welche Gruppe hat zuerst einen Durchgang beendet?*

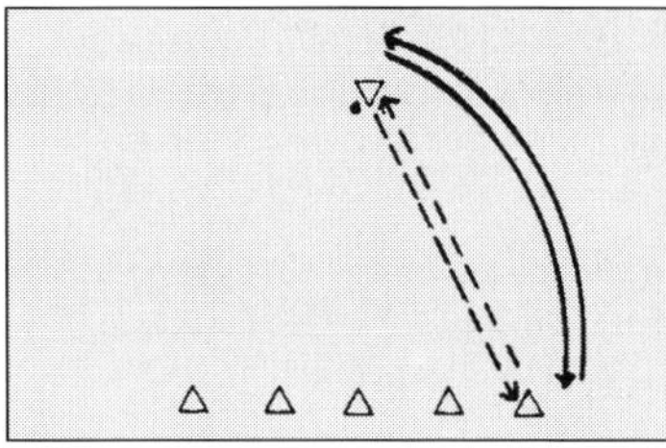

3/4

5. Einfacher Wettwanderball in der Gasse

Die Gruppen stellen sich in Gassen auf. Der Ball wandert vom ersten bis zum letzten Spieler der Gasse. Bei genügend Bällen können weitere Bälle hinterherwandern (und wieder zurück). *Welche Gruppe hat zuerst alle Bälle durchgespielt?*

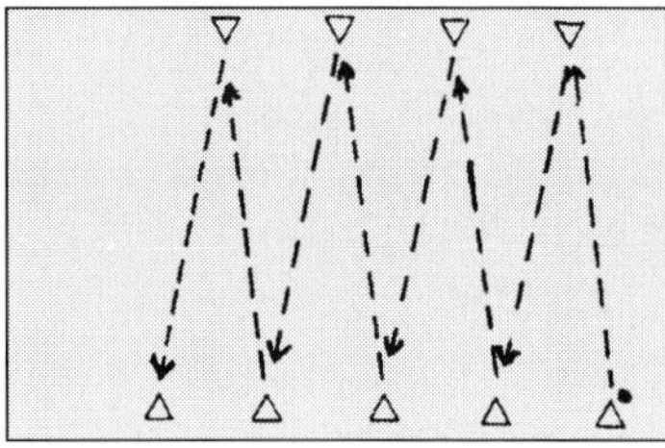

3/5

6. Paßball im Kreis

Die Spieler stellen sich in Innenstirnkreisen auf. In der Kreismitte steht ein Spieler. Die Kreisspieler passen den Ball jeweils an den Mittelspieler, der den Ball sofort an den nächsten Kreisspieler weiterschiebt. *Welche Gruppe hat zuerst 1-2-3 ... Runden beendet?*

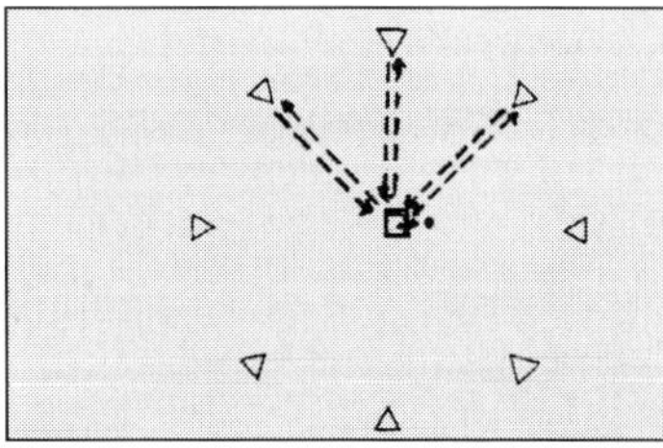

3/6

4. Bewegungsbeschreibung

Vorhandstoppen

1. Die linke Schulter zeigt in Paßrichtung.
2. Die Füße stehen in leichter Grätschstellung (schulterbreit) quer zum ankommenden Ball.
3. Die Knie sind leicht gebeugt.
4. Die linke Hand greift das Stockende.
5. Die linke Hand hält im Drehgriff.
6. Die rechte Hand befindet sich ca. zwei Handbreiten unterhalb der linken auf der Wicklung.
7. Der Handrücken der rechten Hand zeigt entgegen der Richtung des ankommenden Balles.

8. Der linke Unterarm bildet mit dem Stock etwa eine Gerade.
9. Die Handgelenke sind passiv gestreckt.
10. Der Stock steht mit ca. 45° Neigung zum Boden zwischen den Füßen, etwa 1-1,5 Fußlängen entfernt.
11. Die rechte Schulter ist tiefer als die linke.

12. Den Ball zwischen den Füßen annehmen; Dachbildung.
13. Den Stock zurückführen, die Ballgeschwindigkeit vermindern.
14. Das Gewicht auf das hintere, rechte Bein verlagern.
15. Ballkontrolle für anschließenden Schiebepaß.

5. Fehlerbilder

Vorhandstoppen

1. Der Ball läuft unter dem Stock durch.
2. Der Ball läuft bzw. springt über den Stock; fehlende Dachbildung.
3. Der Ball springt vom Stock.
4. Die Keule steht schräg zur Paßrichtung; der Ball läuft vor die Füße oder seitlich ins Spielfeld.
5. Der Ball trudelt von der Keule ins Spielfeld zurück; keine Ballkontrolle.

6. Fehlerbilderkorrektur

Vorhandstoppen

1. Setze die Keule auf den Boden!
2. Bilde ein Dach; drücke die linke Hand stärker dem Ball entgegen!
3. Nimm den Ball weicher an; führe den Stock bei der Ballannahme leicht zurück!
4. Setze den Stock orthogonal zur Paßrichtung!
5. Verändere deine Stellung zum Ball; laufe zum Ball hin und stoppe den Ball zunächst noch seitlich vom Körper!

7. Regelausstattung

1. Stoppe den Ball nur mit der flachen Stockseite (Stockfehler). (F/K/H)
2. Du darfst den Ball nicht mit der Hand anhalten oder fangen. (F/K/H)
3. Wenn du später einmal Torwart bist, gelten für dich andere Regelungen. (F/K/H)

8. Allgemeine Bestimmungen

Der Ball

Der Ball muß hart und eine Kugel sein. Er besteht aus natürlichem oder künstlichem Material.
Beim Feldhockey hat er eine Naht, darf aber auch nahtlos sein. Er ist weiß oder in einer anderen vereinbarten Farbe.
Bei Hallenspielen dürfen die Bälle keine Naht haben und müssen sich farblich vom Hallenboden deutlich abheben; meist gelbe oder orangefarbene Kunstoffkugeln.
Das Gewicht des Balles darf nicht mehr als 163 g und nicht weniger als 156 g betragen.
Der Umfang des Balles darf nicht größer als 23,5 cm und nicht weniger als 22,4 cm sein.

2.1.3 Bis Mitte vor

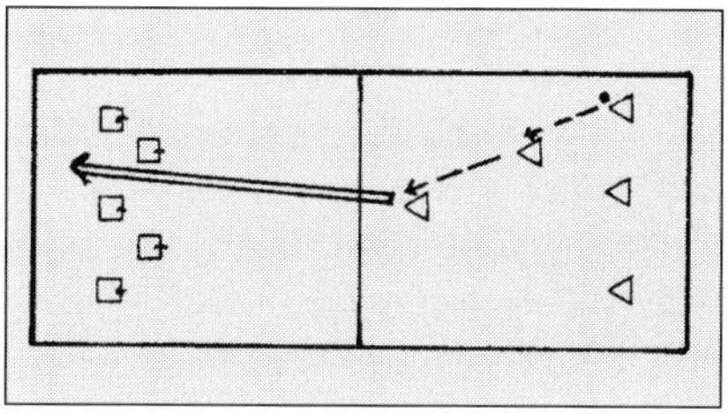

1. Spiel

Das Spielfeld wird in zwei gleichgroße Felder eingeteilt. Die Parteien passen sich innerhalb ihres Feldes den Ball zu. Von der Mittellinie versuchen sie, den Ball über die gegnerische Torlinie zu schieben. Die Überquerung der Torlinie bzw. Wandberührung zählen als Torerfolg.

2. Taktik

a) Angriff

Stelle dich zunächst auf die dir zugedachte Position! Warte nicht auf den Ball, sondern löse dich aus der Abwehr und laufe dem Ball entgegen! Verschaffe dir durch geschicktes Laufen zum Ball eine günstige Angriffsposition! Spiele nach Ballkontrolle sofort ab, wenn der Mitspieler eine bessere Position innehat! Schiebe auch mit der Rückhandseite!

b) Abwehr

Postiere dich mit deiner Mannschaft so, daß die gesamte Torlinie abgedeckt ist! Besetze alle Lücken! Wechsle innerhalb der Mannschaft die Position!

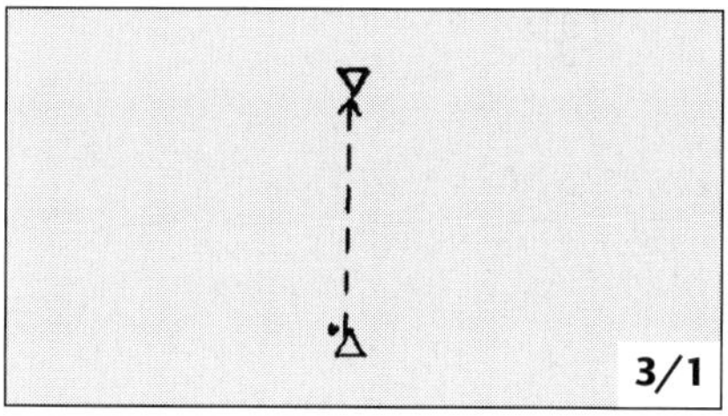

3/1

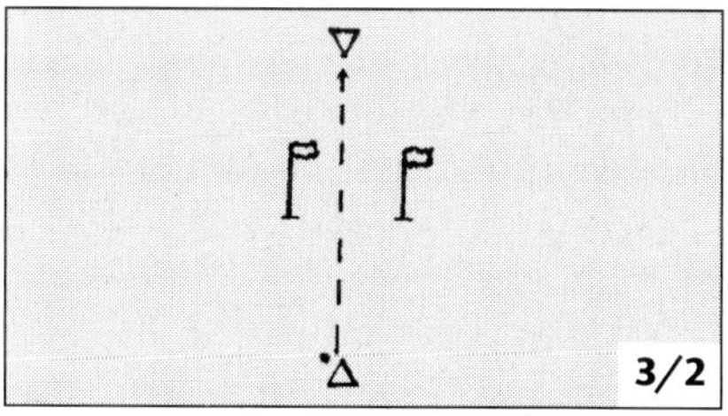

3/2

3. Technik

Rückhandschieben - Vorhandstoppen

1. Rückhandschieben zum Partner, der noch weiter mit der Vorhand stoppt.
2. Rückhandschieben zum Partner durch begrenzten Raum.
3. Rückhandschieben zum Partner entlang einer Linie.

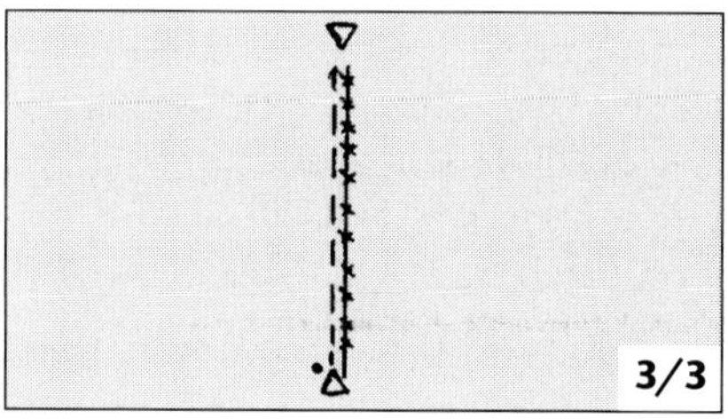

3/3

4. Ablöseball in der Reihe

Die Spieler stehen, wie abgebildet, in der Reihe. Der erste spielt den Ball mit der Rückhand zum Zuspieler, der vor der Gruppe steht und den Ball an den zweiten ebenfalls mit der Rückhand zurückpaßt. Zwischenzeitlich wechselt der erste Spieler auf den letzten Platz der Reihe. Nach einem Durchgang wird der Zuspieler ausgetauscht. *In welcher Gruppe hatte zuerst jeder Spieler die Position des Zuspielers inne?*

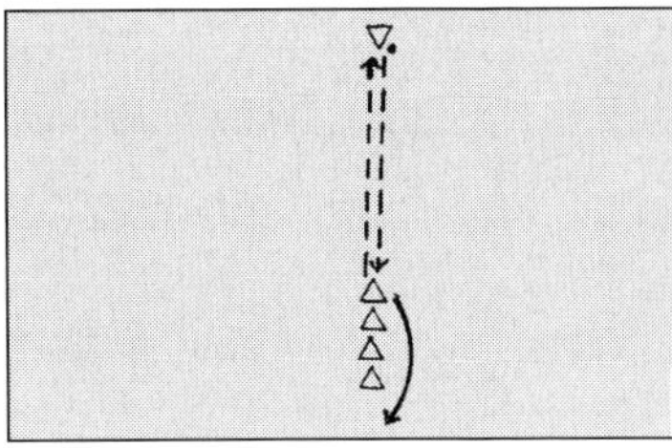

3/4

5. Wanderball im Kreis

Die Spieler stehen im Innenstirnkreis. Ein Ball wird mit der Rückhand dem nächsten zugepaßt. Bei unkorrektem Zuspiel wird der Ball an der Stelle des Fehlers wieder ins Spiel gebracht. *Welche Gruppe hat zuerst 1-2-3... Durchgänge beendet?*

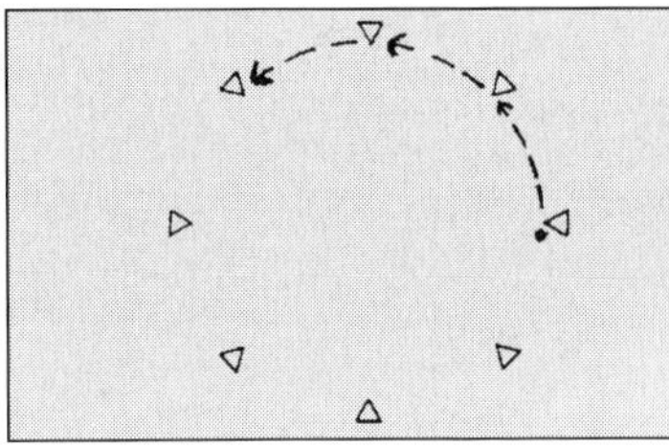

3/5

6. Verfolgungsball im Kreis

Die Spieler stellen sich im Innenstirnkreis auf. In der Kreismitte stehen zwei Spieler mit dem Rücken zueinander. An zwei gegenüberliegenden Stellen des Kreises wird jeweils ein Ball ins Spiel gebracht. Die Kreisspieler passen den Ball den Mittelspielern zu, die den Ball sofort wieder an den nächsten Kreisspieler zurückschieben. Die Mittelspieler drehen sich mit. *Welcher Ball holt den anderen ein?*

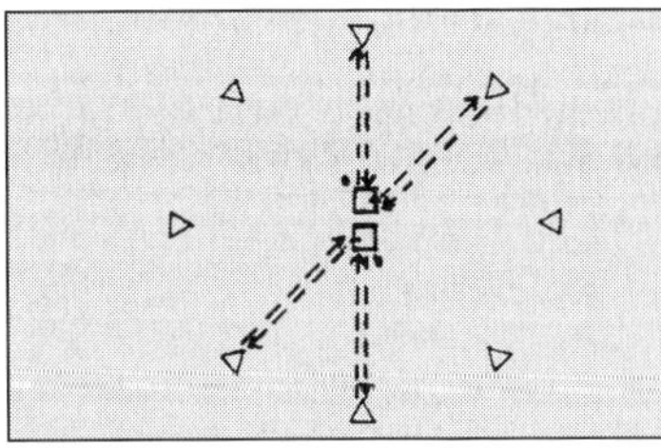

3/6

4. Bewegungsbeschreibung

Rückhandschiebepaß

1. Die rechte Schulter zeigt in Paßrichtung.
2. Die Füße stehen mit leichter Grätschstellung quer zur Paßrichtung.
3. Die Knie sind leicht gebeugt.
4. Die linke Hand greift am Stockende.
5. Die linke Hand wird im Drehgriff gedreht; der Handrücken zeigt entgegen der Paßrichtung.
6. Die Keulenspitze zeigt zum Boden.
7. Die rechte Hand faßt ca. zwei Handbreiten unterhalb der linken Hand auf der Wicklung (Ösenbildung).
8. Die rechte Hand zeigt mit dem Handrücken in Paßrichtung.
9. Der linke Unterarm bildet mit dem Stock eine Gerade.
10. Die Handgelenke sind passiv gestreckt.
11. Der Stock hat eine ca. 45° Neigung zum Boden.
12. Der Ball liegt zwischen den Füßen; etwa 1-1,5 Fuß Abstand.
13. Die Keule befindet sich direkt mit ihrer flachen Seite hinter dem Ball; die flache Seite zeigt senkrecht zum Boden.
14. Die rechte Schulter ist tiefer als die linke.
15. Bei der Ausholbewegung erfolgt eine kurze Gewichtsverlagerung auf das hintere (linke) Bein.
16. Die Schiebebewegung entsteht durch schnelles Nachvorneziehen der rechten Hand.
17. Ein leichter Druck der linken Hand wirkt auf das Stockende.
18. Der Ball verläßt den Stock am rechten Fuß.
19. Den Stock mit linearer Stockführung (Zielgenauigkeit) nachführen.
20. Den Stock nicht über Schulterhöhe (Regelverstoß) heben.

A

B

C

5. Fehlerbilder

Rückhandschiebepaß

1. Die linke Hand ist nicht im Drehgriff.
2. Die rechte Hand dreht mit.
3. Der Stock steht zu steil; der Ball liegt zu nah am Körper.
4. Spiel mit der runden Keulenseite.
5. Der Ball läuft schräg; die Keule wird im Kreis geführt.
6. Keine Härte im Zuspiel.
7. Die Keule zeigt nicht in Paßrichtung.
8. Der Stock ist über Schulterhöhe.

6. Fehlerbilderkorrektur

Rückhandschiebepaß

1. Drehe den Handrücken mehr zum Boden; greife stärker im Drehgriff!
2. Bilde eine größere Öse!
3. Lege den Ball etwa 1,5 Fußlängen vom Körper entfernt!
4. Die Keulenspitze soll zum Boden zeigen!
5. Führe die Keule auf einer Geraden am Boden!
6. Ziehe kräftiger mit der rechten Hand!
7. Führe die Keule länger hinter dem Ball her!
8. Bremse den Stock aktiver ab!

7. Regelausstattung

1. Auch beim Rückhandschieben darfst du den Ball nur mit der flachen Stockseite spielen; das Berühren des Balles mit der runden Seite wird als Stockfehler abgepfiffen. (F/K/H)
2. Es ist nicht erlaubt, den Ball zu treten, aufzunehmen oder zu tragen. (F/K/H)
3. Du darfst nicht am Spiel teilnehmen, wenn du auf dem Boden liegst. (H)

8. Allgemeine Bestimmungen

Spielerkleidung und Ausrüstung

Die Spieler dürfen keine gefährlichen Teile an ihren Schuhen haben sowie eine Ausrüstung tragen, die andere Spieler gefährden könnte. Feldspielern wird dringend empfohlen, Schienbein- und Knöchelschützer anzuziehen. In Jugendmannschaften muß der Torwart zu seinem eigenen Schutz Torwartkleidung tragen. (Torwartausrüstung siehe S. 97).

2.1.4 Vier-Felder-Ball/ Viererendball

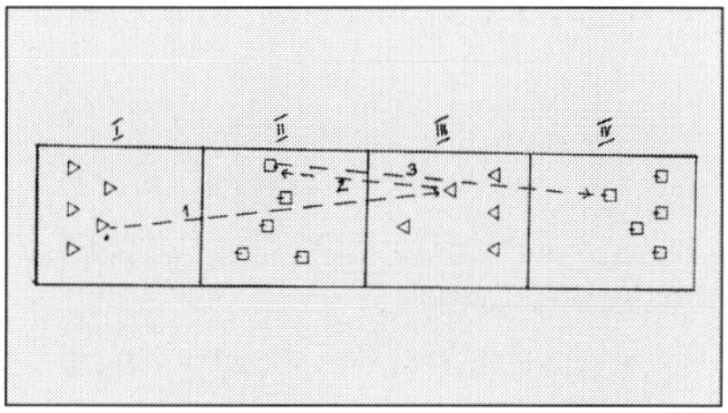

1. Spiel

Das Spielfeld wird in vier gleichgroße Felder aufgeteilt. Die Mannschaften I und III sowie II und IV spielen zusammen. Aufgabe ist, den Ball durch die gegnerischen Reihen zu der mitspielenden Mannschaft zu schieben bzw. den Ball abzufangen, um mit der zugehörigen Mannschaft ein eigenes Spiel aufzubauen. Die zusammengehörenden Mannschaften tauschen nach einer vereinbarten Spielzeit die Felder. Welche Mannschaft hat die meisten Bälle abgefangen?

2. Taktik

a) Angriff

Nutze den Raum des eigenen Feldes, indem du zum Ball läufst! Spiele schnell zum Mitspieler bzw. zur zugeordneten Mannschaft! Nutze durch direktes Spiel und Positionswechsel die auftretenden Lücken in der gegnerischen Mannschaft!

b) Abwehr

Stoppe den Ball auch mit der Rückhand; damit bist du schneller, und es versetzt dich in eine günstigere Angriffsposition! Stelle dich mit deinen Mitspielern so auf das Feld, daß alle Lücken besetzt sind! Decke den Raum, der durch deinen Mitspieler frei wurde, mit ab!

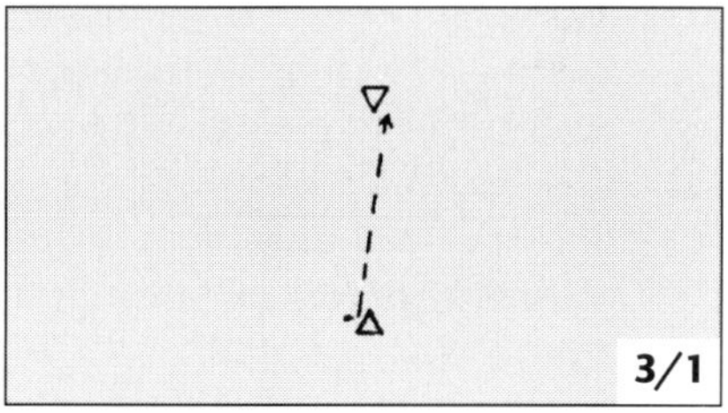
3/1

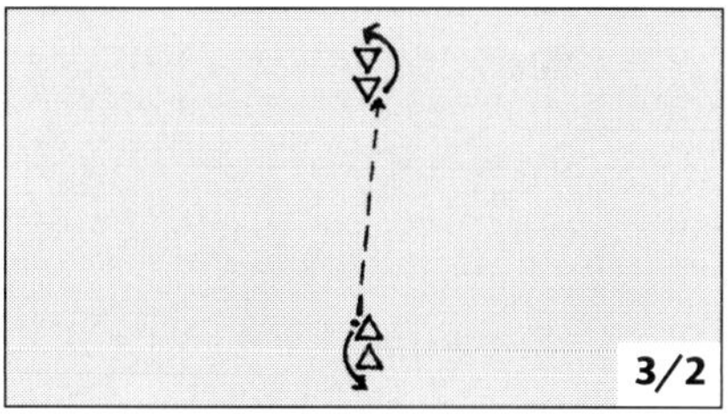
3/2

3. Technik

Rückhandschieben – Rückhandstoppen

1. Rückhandschieben zum Partner, der mit der Rückhand stoppt.
2. Rückhandschieben und Rückhandstoppen in Gruppen mit Positionswechsel.
3. Rückhandschieben und Rückhandstoppen in Gruppen mit Nachlaufen auf neue Position.

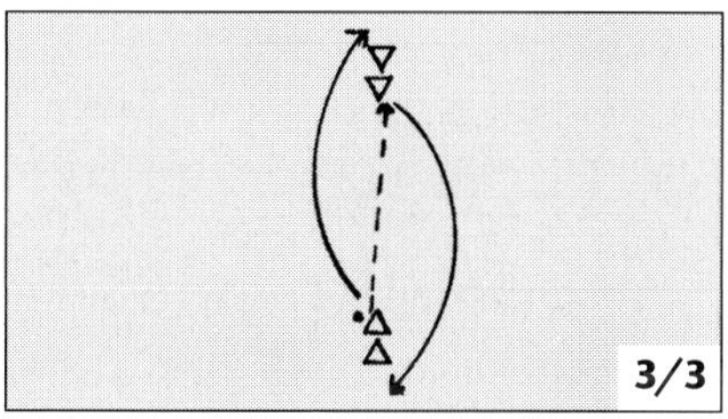
3/3

4. Positionsball im Kreis

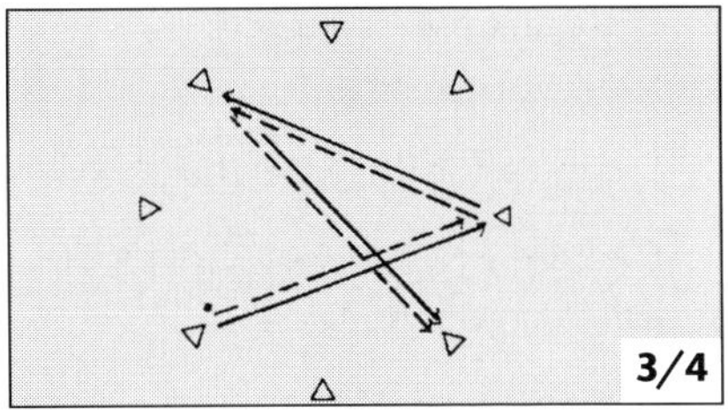

Die Gruppe steht im Innenstirnkreis. Der Ball wird an einen beliebigen Mitspieler durch den Kreis gepaßt. Der Ballspieler läuft hinter dem Ball auf die angespielte Position. Alle Kreisspieler werden in einem Durchgang einmal angespielt. *Welche Gruppe hat einen oder mehrere Durchgänge zuerst beendet?*

5. Balljagd in der Gasse

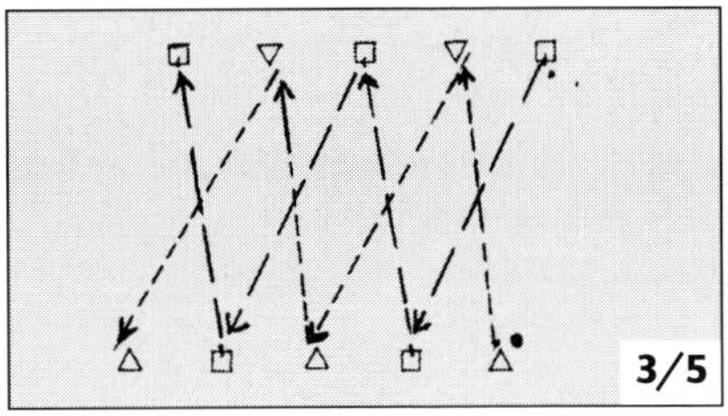

Zwei gegnerische Mannschaften stehen sich in Gasse mit 3 m Abstand gegenüber. Der Ball wird schräg zum eigenen Mitspieler gepaßt. Es soll versucht werden, den Ball des Gegners zu überholen. Das Zuspiel des Gegners darf nicht gestört werden. Bei unkorrektem Zuspiel muß das Spiel an der Fehlerstelle wieder aufgenommen werden. *Welcher Ball wurde zuerst durch die Gasse (und wieder zurück) gespielt?*

6. Viereckball mit Positionswechsel

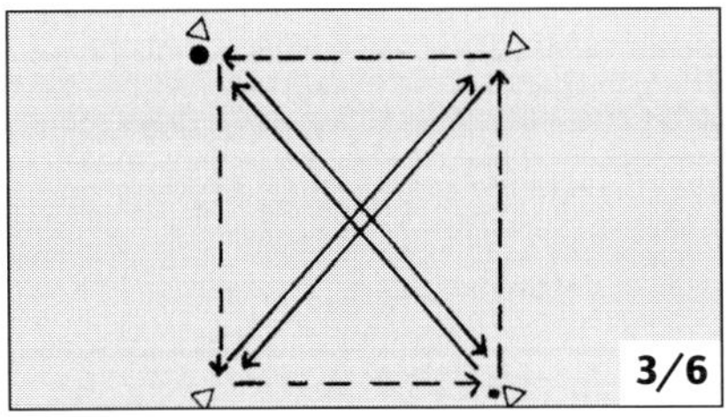

Die Spieler stellen sich im Viereck auf. Zwei Bälle werden an diagonal gegenüberliegenden Eckpunkten ins Spiel gegeben. Der Ball wandert gegen den Uhrzeigersinn im Viereck zum nächsten Spieler. Jeder Spieler wechselt nach dem Zuspiel auf die diagonal gegenüberliegende Position. *Welche Gruppe hat zuerst 1-2-3... Durchgänge beendet?*

4. Bewegungsbeschreibung

a) Rückhandstoppen

1. Die rechte Schulter zeigt in Paßrichtung.
2. Die Füße stehen in leichter Grätschstellung quer zum ankommenden Ball.
3. Die Knie sind leicht gebeugt.
4. Die linke Hand greift am Stockende.
5. Die linke Hand wird im Drehgriff gedreht; die Keule zeigt zum Boden; der Handrücken dem ankommenden Ball entgegen.
6. Die rechte Hand faßt ca. zwei Handbreiten unterhalb der linken auf der Wicklung (Ösenbildung).
7. Die rechte Hand zeigt mit Handrücken in Richtung des ankommenden Balles.
8. Der linke Unterarm bildet mit dem Stock etwa eine Gerade.
9. Die Handgelenke sind passiv gestreckt.
10. Der Stock hat eine ca. 45° Neigung zum Boden.
11. Die Keulenspitze zeigt zum Boden.
12. Der Ball liegt zwischen den Füßen; etwa 1-1,5 Fuß Abstand; Dachbildung.
13. Den Stock zurückführen; die Ballgeschwindigkeit vermindern.
14. Das Gewicht auf hinteres Bein verlagern (linkes Bein).
15. Den Ball „totstoppen"; Ballkontrolle für eventuellen Rückhandschiebepaß.

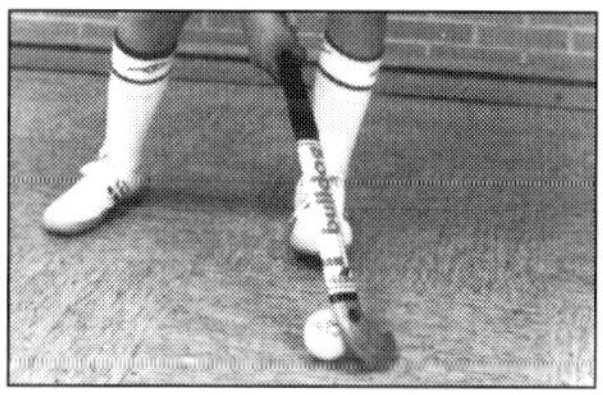

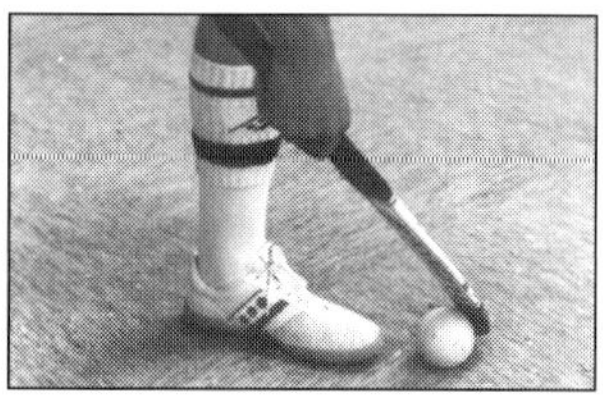

b) Rückhandstoppen mit Lauf nach vorne

1. Die linke Schulter zeigt in Paßrichtung.
2. Die rechte Schulter zeigt in Richtung des ankommenden Balles.
3. Die Füße stehen in Grätschstellung; Laufrichtung nach vorne.
4. Die Knie sind leicht gebeugt.
5. Der Blick geht über die rechte Schulter nach hinten in Richtung des ankommenden Balles.
6. Die linke Hand greift am Stockende.
7. Die linke Hand ist im Drehgriff gedreht; die Keule zeigt zum Boden; der Handrücken zeigt entgegen des ankommenden Balles.
8. Die rechte Hand faßt ca. zwei Handbreiten unterhalb der linken auf der Wicklung (Ösenbildung).
9. Die rechte Hand zeigt mit dem Handrücken in Richtung des ankommenden Balles.
10. Der linke Unterarm bildet mit dem Stock etwa eine Gerade.
11. Die Handgelenke sind passiv gestreckt.
12. Der Stock hat eine ca. 45° Neigung zum Boden.
13. Die Keulenspitze zeigt zum Boden.
14. Der Ball wird zwischen den Füßen angenommen; etwa 1-1,5 Fuß Abstand; Dachbildung.
15. Den Stock in Richtung des vorderen Fuß weiterführen; die Ballgeschwindigkeit vermindern.
16. Das Gewicht vom hinteren auf das vordere (linke) Bein verlagern.
17. Den Ball „totstoppen"; Ballkontrolle.
18. Den Stock in Vorhandstellung drehen.
19. Die Keule hinter den Ball bringen.
20. Den Ball in Laufrichtung nach vorne mitnehmen.
21. Der Blick geht in Laufrichtung.

5. Fehlerbilder

a) Rückhandstoppen

1. Das Stoppen des Balles erfolgt zu früh; der Stock bildet eine Schräge; der Ball läuft bzw. springt über die Keule.
2. Der Stock steht zu senkrecht; der Ball springt vom Stock.
3. Fehlende Dachbildung.
4. Die Keule steht schräg zur Paßrichtung; der Ball läuft vor die Füße bzw. seitlich ins Spielfeld.
5. Spiel mit der runden Keulenseite.
6. Fehlender Drehgriff.
7. Die rechte Hand dreht mit.

b) Rückhandstoppen mit Lauf nach vorne

1. Die Knie sind nicht gebeugt.
2. Der Blick ist nicht nach hinten gerichtet.
3. Der Stock wird nicht in Rückhandstellung gehalten; der Ball wird mit der runden Seite gestoppt.
4. Der Ball springt vom Stock weg; er wird zu hart gestoppt.

6. Fehlerbilderkorrektur

a) Rückhandstoppen

1. Stoppe den Ball weiter am linken Fuß; bilde mit dem Stock ein besseres Dach!
2. Korrigiere deine Stellung zum Ball; stoppe den Ball seitlich vom Körper!
3. Drücke deine rechte Hand weiter in Richtung des ankommenden Balles!
4. Stelle die Keule orthogonal in den Ballauf!
5. Die Keulenspitze muß zum Boden zeigen!
6. Drehe den Handrücken mehr zum Boden!
7. Bilde eine größere Öse!

b) Rückhandstoppen mit Lauf nach vorne

1. Beuge die Knie durch!
2. Blicke in Richtung des ankommenden Balles!
3. Drehe den Stock in Rückhandstellung; der linke Handrücken zeigt in Laufrichtung; stoppe den Ball nur mit der flachen Seite!
4. Nimm den Ball weicher an, um ihm die Geschwindigkeit zu nehmen; achte auf die Dachbildung!

7. Regelausstattung

1. Spiele auch beim Rückhandstoppen nur mit der flachen Stockseite. (F/K/H)
2. Du darfst den Ball nicht mit irgendeinem Teil deines Körpers am Boden oder in der Luft anhalten oder ablenken. (F/K)
3. Für den Torwart gilt bei Nr.2 eine andere Regelung. (Siehe S. 60/7.2 und S. 141/7). (F/K/H)

8. Allgemeine Bestimmungen

Mannschaften

Eine Mannschaft besteht aus 11 Spielern und 5 Auswechselspielern. (F)
Eine Kleinfeldmannschaft besteht aus 6 Spielern und 3 Auswechselspielern. (K)
Eine Hallenmannschaft besteht aus 6 Spielern und 6 Auswechselspielern. (H)
Jede Feldhockey-Mannschaft darf während des Spiels bis zu 5 Spieler wechseln. (F)
Ein ausgewechselter Spieler darf wieder eingewechselt werden. (F/K/H)
Ein Spielerwechsel darf jederzeit erfolgen, außer nach Verhängung einer Strafecke. Der Wechsel erfolgt an der Mittellinie oder an einer anderen, von den Schiedsrichtern vor dem Spiel bestimmten Stelle durch „Abklatschen". (F /K)
Spielerwechsel ist nur zulässig, wenn der Ball über die Grund- oder Torlinie ins Aus gegangen ist, wenn ein Tor erzielt oder verhängt worden ist, bevor das Spiel nach einem 7-m-Ball, der nicht zu einem Tor geführt hat, fortgesetzt wird oder in der Halbzeitpause. Verletzte Spiler dürfen jederzeit in Absprache mit dem Schiedsrichter ausgewechselt werden.
Es darf nur nahe der Mannschaftsbänke ausgewechselt werden. (H)

2.2 Spielsituation 2 Tore erzielen mittels Freilaufen und Passen – Tore verhindern mittels Störer

2.2.1 Bis Torbereich vor

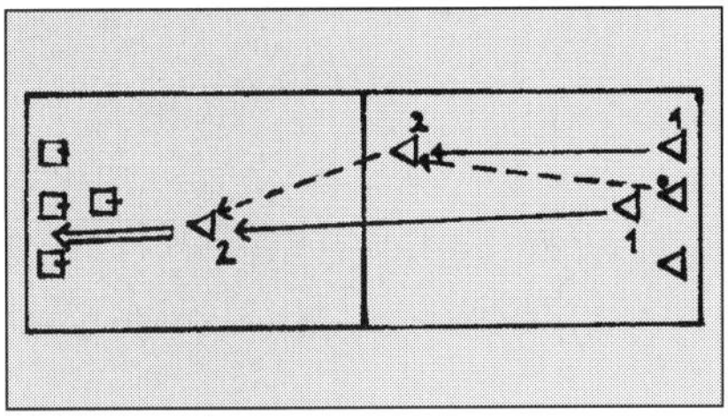

1. Spiel

Es wird mit Überzahlangriff (2:1) gegen Störer vor dem Torbereich gespielt. Der Störer steht vor der Abwehr, die die Torlinie verteidigt, um mit langem Stock Angriffe zu erschweren und Torschüsse zu verhindern. Der Überzahlangriff erfolgt, um den Störer und die Abwehrspieler zu veranlassen, mit verlängerter Reichweite abzuwehren. Beim Angriff löst sich ein Verteidiger von der Torlinie und stellt mit dem Störer die Überzahl her. Nach Abschluß des Angriffes wird er Störer, der vorherige Störer kehrt zur Torlinie zurück. Dieser Wechsel wird so lange fortgesetzt, bis jeder Spieler einmal die Störposition innehatte.

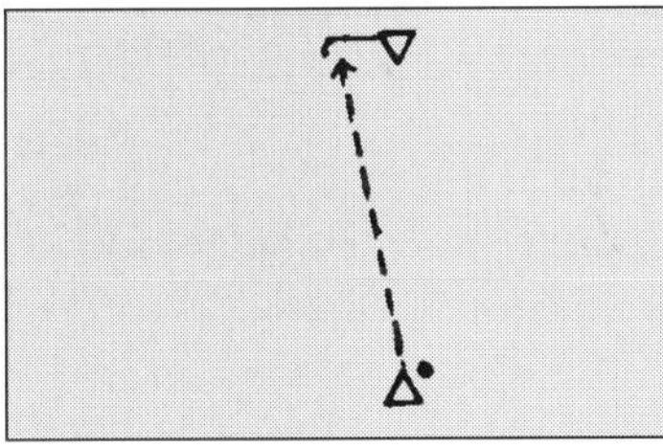

3/1

2. Taktik

a) Angriff

Laufe nach außen, um den Störer auszuschalten!
Versuche mit Rückhandschieben die vergrößerte Reichweite des Verteidigers zu umgehen!
Schiebe kräftig auf den gegnerischen Torbereich!

b) Abwehr

Setze zur Verhinderung von Toren die erweiterte Reichweite ein; du brauchst weniger zu laufen und kannst effektiver stören!
Stelle dich so vor die Abwehr, daß du mit der Vorhandseite und tiefem Stock stören kannst; der Angreifer muß eher seine Rückhandseite einsetzen!
Störe frühzeitig!
Verteidige auf verschiedenen Positionen der Torlinie!
Bei Ballgewinn bist du als Störer sofort vorderster Angreifer!

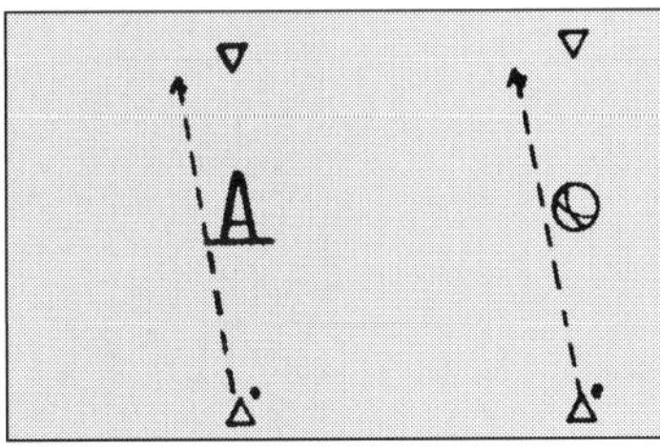

3/2

3. Technik

Stoppen mit tiefem Stock/Vorhand

1. Schrägpaß zum Partner, der mit dem tiefen Stock-Vorhand stoppt.
2. Schrägpaß zum Partner am Hindernis (Kegel/Keulen/Medizinbälle) vorbei, der mit dem tiefen Stock-Vorhand stoppt.
3. Schrägpaß zum Partner an verbreitertem Hindernis vorbei (Sprungseile/kleine Kästen/großer Kasten als optische Erschwerung), der mit dem tiefen Stock-Vorhand stoppt.

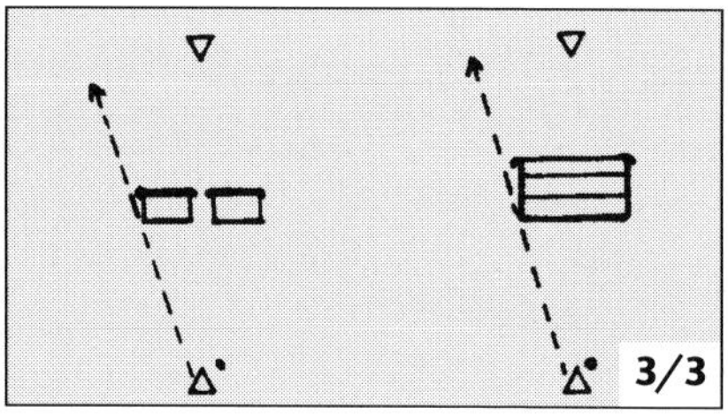

3/3

4. Abwehrjagd

Ein Spieler steht zwischen zwei Grenzfahnenstangen an der linken Stange. Aus ca. 4 m Entfernung schieben die übrigen Spieler, die in einer Linie stehen, nacheinander den Ball möglichst nahe an die rechte Stange. Der Spieler zwischen den Grenzfahnenstangen wehrt den Ball mit tiefem Stock ab und läuft dann hinter den Stangen zum Ausgangspunkt zurück. In dieser Zeit schiebt der nächste Spieler von der Linie seinen Ball auf die Grenzfahnenstange. *Wer wehrt die meisten Bälle ab?*

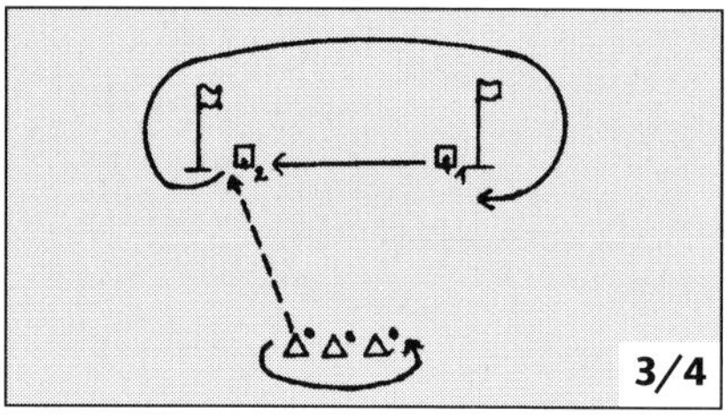

3/4

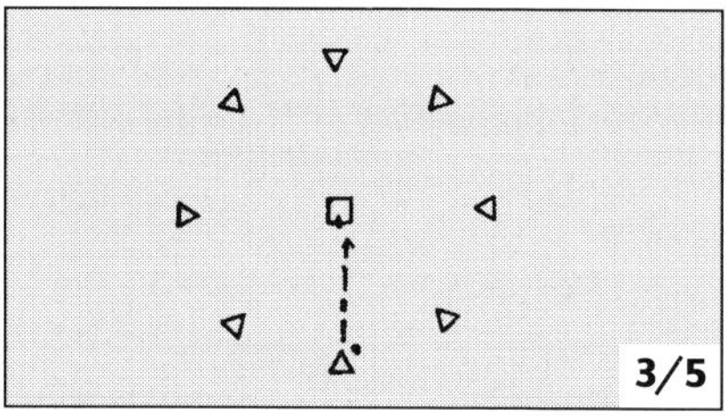

3/5

5. Tigerball

Die Gruppe steht im Innenstirnkreis; der Tiger in der Kreismitte. Die Spieler auf der Kreislinie spielen sich den Ball durch den Kreis zu (Nebenmann darf nicht angespielt werden). Der Tiger versucht, mit tiefem Stock das Zuspiel zu unterbinden. Stoppt der Tiger den Ball, wechselt er mit dem Spieler, der zuletzt gespielt hat, die Position. *Welcher Tiger hat die kürzeste Spielzeit?*

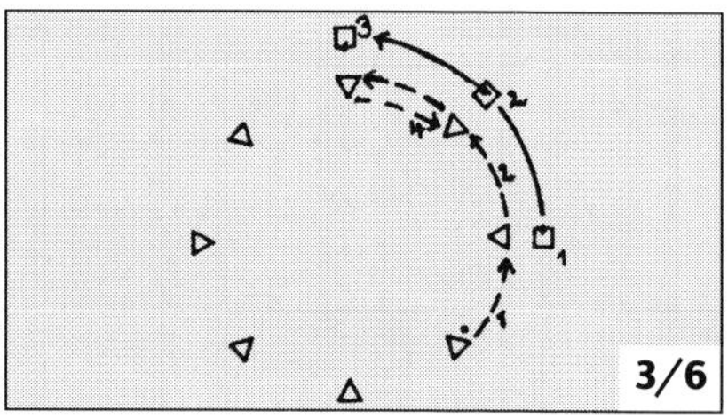

3/6

6. Neckball

Die Gruppe steht im Innenstirnkreis und spielt sich den Ball auf der Kreislinie zu; die Spielrichtung ist beliebig. Außerhalb des Kreises läuft ein Spieler, der mit tiefem Stock das Zuspiel unterbinden soll. Hat er das Zuspiel gestört, wechselt er die Position mit dem Spieler, der zuletzt geschoben hat. *Wer kann das Zuspiel unterbinden?*

A

4. Bewegungsbeschreibung

Stoppen mit tiefem Stock/Vorhand

B

1. Die Stellung ist frontal zum ankommenden Ball.
2. Die Fußstellung ist von schulterbreiter Grätschstellung bis geschlossen möglich.
3. Leichte Beugung der Knie.
4. Die Hände greifen den Stock wie beim Vorhandstoppen.
5. Lösen der rechten Hand vom Stock.
6. Die linke Hand mit dem Stock vor dem Körper vorbeibringen.
7. Der linke Fuß setzt über, am rechten Fuß vorbei.
8. In die Kniebeuge gehen.
9. Den Stock parallel zum Boden bringen.
10. Die flache Seite des Stockes zeigt in Richtung des ankommenden Balles.
11. Der Stock und der Boden bilden ein Dreieck; die Keule zeigt nach oben; **Dachbildung.**
12. Den Ball möglichst totstoppen; Ballkontrolle zum anschließenden Schiebepaß.

C

5. Fehlerbilder

Stoppen mit tiefem Stock - Vorhand

1. Der Ball läuft unter dem Stock durch.
2. Der Ball läuft bzw. springt über den Stock; fehlende Dachbildung.
3. Zu kleine Stoppfläche.
4. Der Ball rollt den Stock entlang zur Hand.
5. Keine Ballkontrolle für direkten Schiebepaß.
6. Der Ball wird nicht erreicht.

6. Fehlerbilderkorrektur

Stoppen mit tiefem Stock - Vorhand

1. Drücke den Stock parallel zum Boden, bis die Finger den Boden berühren!
2. Bilde ein Dach mit dem Stock; drehe die Keulenspitze stärker in Richtung des ankommenden Balles!
3. Gehe tiefer in die Kniebeuge!
4. Lege den Stock orthogonal zur Paßrichtung!
5. Komme schneller aus der Kniebeuge in den Stand!
6. Setze das linke Bein extremer am rechten Bein vorbei über!

7. Regelausstattung

1. Beim Stoppen mit tiefem Stock darfst du die ganze Länge des Stockes einsetzen. Auch hier kannst du nur die flache Seite einsetzen. (F/K/H)
2. Es ist verboten, den Ball mit der Hand anzuhalten oder zu fangen. (Ausnahme: Torwart) Es ist jedoch nicht verboten, sich mit der Hand vor einem gefährlich hohen Ball zu schützen. (F/K /H)

8. Allgemeine Bestimmungen

Das Hallenhockey-Spielfeld

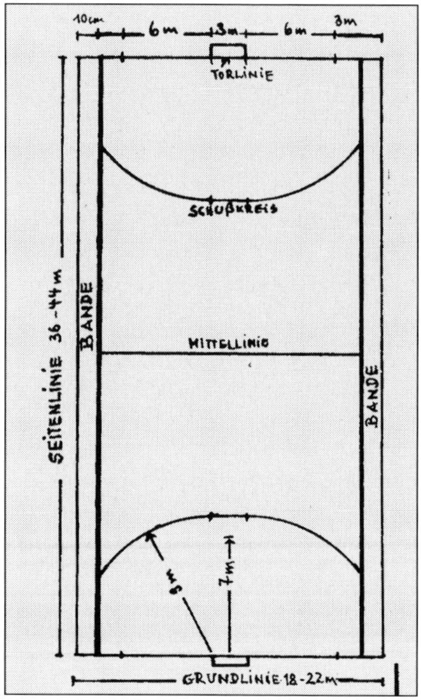

2.2.2 Angriff auf Torbereich

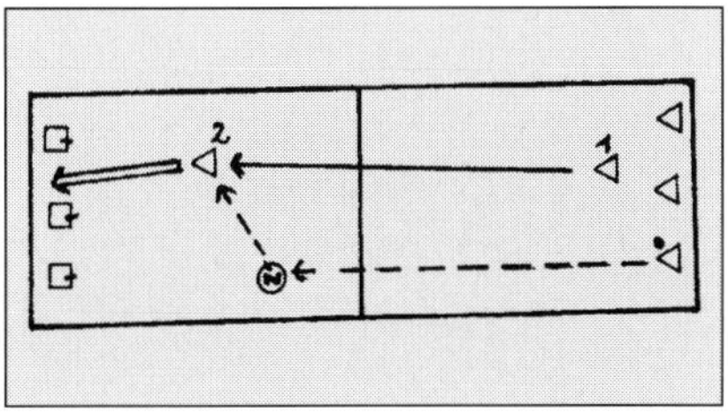

1. Spiel

Es erfolgt ein Überzahlangriff (2:1) mit „Neutralem". Das Spiel ist vergleichbar mit dem Spiel „Bis Torbereich vor". Der neutrale Spieler ist ständig Angreifer, um das Angriffsspiel zu forcieren. Der Störer ist zugleich auch Angreifer. Er wird nach einer bestimmten Zeit als Störer von einem Torlinienspieler abgelöst; ebenso der „Neutrale". Die Verteidiger sollen auch mit der Rückhandseite Tore verhindern.

2. Taktik

a) Angriff

Die Reichweite des Störers hat sich vergrößert; spiele schneller mit dem „Neutralen" zusammen, der Störer kann sich dann nicht immer optimal postieren! Als „Neutraler" mußt du dich ständig auf neue Mitspieler einstellen; das verlangt große Flexibilität! Nimm als „Neutraler" Außenpositionen ein, so kannst du dem Störer ausweichen!

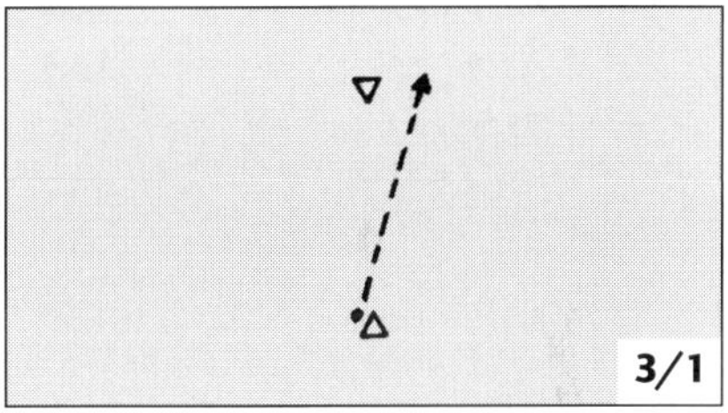
3/1

b) Abwehr

Stoppe auch mit tiefem Stock auf der Rückhandseite, damit kannst du eine größere Breite des Spielfeldes kontrollieren! Als Störer lasse dich nicht aus der zentralen Verteidigungsposition locken; das ist durch die vergrößerte Reichweite nicht mehr nötig! Bei Ballgewinn bist du als Störer sofort Angreifer! Als Verteidiger der Torlinie rücke in die Störerfunktion nach!

3. Technik

Stoppen mit tiefem Stock - Rückhand

1. Schrägpaß zum Partner, der mit dem tiefen Stock-Rückhand stoppt.

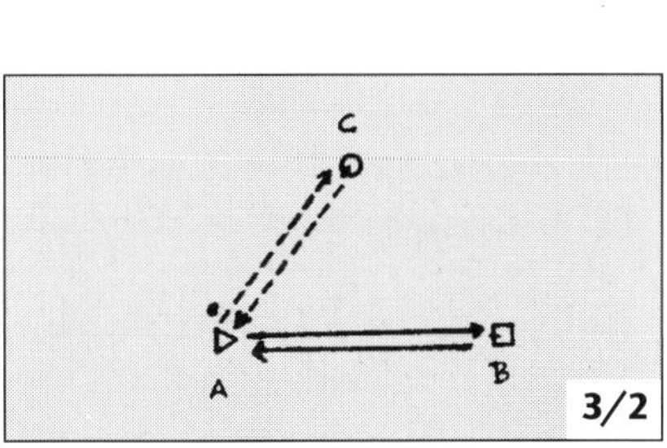

3/2

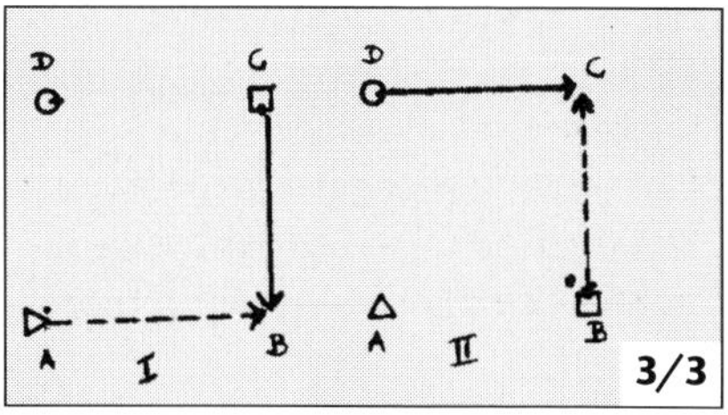

3/3

2. Platzwechsel im Dreieck

Die Spieler A und B tauschen die Positionen. Der Spieler, der die Position A anläuft, stoppt den Ball mit tiefem Stock-Rückhand. Der Spieler C paßt den Ball auf Position A. Jeder Spieler übernimmt einmal jede Position.

3. Ecken besetzen im Viereck

Der Ball wird auf die unbesetzte Ecke im Viereck gespielt, die ein Spieler erlaufen muß, um mit tiefem Stock-Rückhand den Ball zu stoppen. Die Laufrichtung des Spielers erfolgt im Uhrzeigersinn; die des Balles gegen den Uhrzeigersinn.

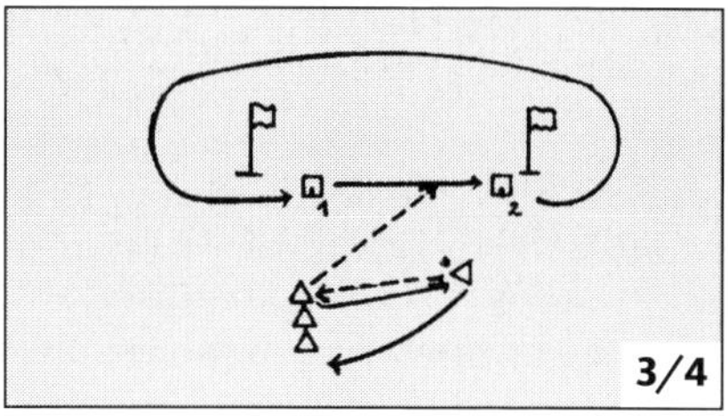
3/4

4. Abwehrjagd (Variation)

Der Spieler steht zwischen zwei Grenzfahnenstangen an der linken Stange. Die übrigen Spieler stehen in einer Reihe ca. 4 m davon entfernt. Ein Zuspieler schiebt den Ball zum ersten Spieler in der Reihe, der den Ball sofort auf die rechte Stange weiterschiebt. Der Spieler zwischen den Grenzfahnenstangen wehrt den Ball mit tiefem Stock-Rückhand ab und läuft dann hinter den Stangen zum Ausgangspunkt zurück. Der Zuspieler stellt sich als letzter in die Reihe, der Schütze wird Zuspieler.

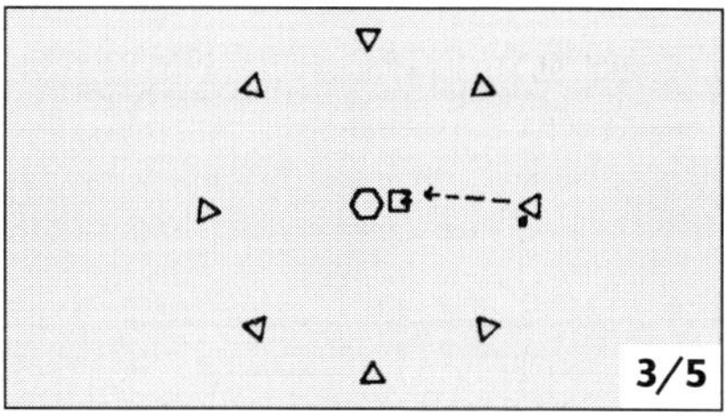
3/5

5. Burgball

Die Spieler stehen im Innenstirnkreis. In der Kreismitte befindet sich die Burg (Medizinball u.ä.), die von einem Spieler in der Kreismitte verteidigt wird. Die Spieler auf der Kreislinie versuchen, die Burg zu treffen. Wer die Burg trifft, löst den Burgwächter ab. *Wer verteidigt die Burg am besten?*

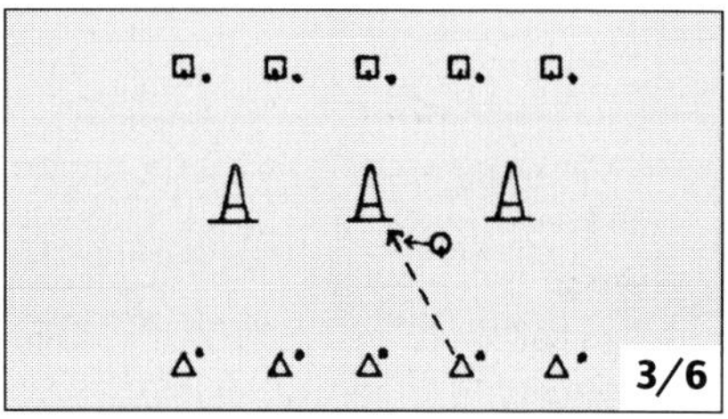
3/6

6. Kegelwächter

Zwei Gruppen stehen sich in Linie gegenüber; zwischen den Gruppen die Kegel, die von einem Wächter verteidigt werden. Die

Gruppen schieben im Wechsel den Ball auf die Kegel; der Wächter verteidigt die Kegel von beiden Seiten. Die Gruppen stellen in bestimmten Zeitintervallen im Wechsel den Wächter. *Welcher Wächter muß die wenigsten Treffer hinnehmen?*

A

4. Bewegungsbeschreibung

Stoppen mit tiefem Stock/Rückhand

B

1. Die Stellung ist frontal zum ankommenden Ball.
2. Die Fußstellung ist von schulterbreiter Grätschstellung bis geschlossen möglich.
3. Leichte Beugung der Knie.
4. Die linke Hand faßt im Drehgriff; die rechte wie beim Rückhandstoppen.
5. Lösen der rechten Hand vom Stock.
6. Die linke Hand bringt den Stock weit seitwärts von der linken Körperseite.

C

7. Der rechte Fuß setzt über am linken Fuß vorbei.
8. Die linke Hand dreht den Stock in Rückhandstellung, so daß die Keulenspitze zum Boden zeigt.
9. In die Kniebeuge gehen.
10. Den Stock - soweit möglich - parallel zum Boden bringen.
11. Die flache Seite des Stockes in Richtung des ankommenden Balles halten.

12. Den Stock soweit nach vorne zum Boden drücken, daß der Ball nicht unter den Keulenbogen durchlaufen kann; Dreieckbildung: Boden - Stock, damit **Dachbildung.**
13. Den Ball möglichst totstoppen; Ballkontrolle zum anschließenden Schiebepaß.

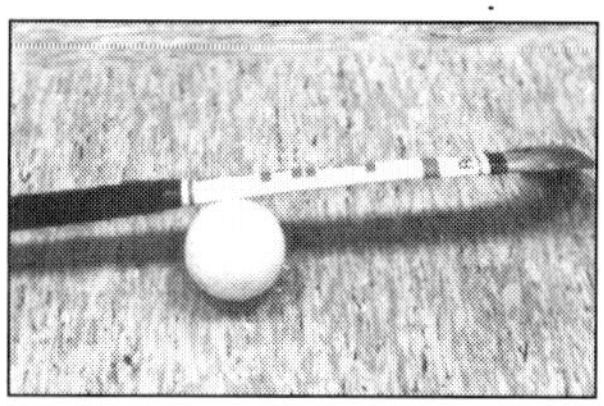

5. Fehlerbilder

Stoppen mit tiefem Stock - Rückhand

1. Der Ball läuft unter dem Keulenbogen durch.
2. Der Ball läuft unter dem Stock durch.
3. Der Ball wird mit der runden Stockseite gespielt.
4. Der Ball rollt den Stock entlang zur Hand.
5. Keine Ballkontrolle für direkten Schiebepaß.
6. Der Ball wird nicht erreicht.

6. Fehlerbilderkorrektur

Stoppen mit tiefem Stock - Rückhand

1. Bilde ein stärkeres Dach; drücke die Keule weiter dem ankommenden Ball entgegen; stoppe mehr in der Stockmitte!
2. Gehe tiefer in die Kniebeuge; drücke den Stock soweit nach unten, bis die Finger den Boden berühren!
3. Deine Keulenspitze muß zum Boden zeigen!
4. Lege den Stock orthogonal zur Paßrichtung!
5. Komme schneller in den Stand zurück!
6. Mache einen größeren Ausfallschritt; strecke den Arm weiter durch!

7. Regelausstattung

1. Bei Spielbeginn zur ersten und zweiten Halbzeit sowie nach einem Torerfolg wird der Ball von der Mitte des Spielfeldes geschoben oder geschlagen. Sobald der Ball gespielt ist, darfst du die Mittellinie überschreiten. Im Augenblick der Ausführung darf sich kein Gegenspieler näher als 5 m zum Ball befinden. Außer dem Ausführenden müssen sich alle Spieler in ihrer jeweiligen Hälfte aufhalten. (F/K)
   Kein Gegenspieler darf sich näher als 3 m zum Ball befinden. (H)
   Der Ausführende darf nach der Ausführung den Ball weder spielen noch so in seiner Nähe bleiben oder sich ihm so nähern, daß er ihn spielen könnte, ehe ihn irgendein anderer Spieler gespielt hat. (F/K/H)

8. Allgemeine Bestimmungen

Das Kleinfeldhockey-Spielfeld

A offiziell: Feldhockey-Tore
B nur bei regionalen Turnieren erlaubt: Hallenhandballtore

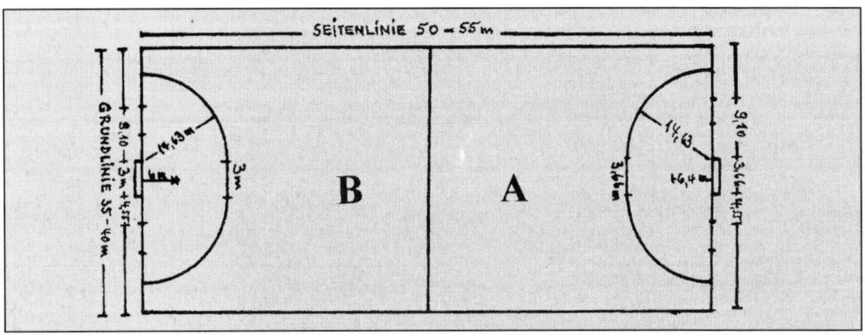

2.2.3 Zonenspiel

1. Spiel

Gespielt wird mit einem Überzahlangriff (3:2). Das Spielfeld besitzt zwei Torschußbereiche und eine Mittelzone; ein übergroßes Tor, durch Grenzfahnenstangen markiert, steht jeweils auf der Torlinie. Die Zone darf nur mittels eines Vorhandschlages überwunden werden; ebenso können Tore nur mit einem Vorhandschlag innerhalb des Torschußbereiches erzielt werden. Um die Überzahl zu gewährleisten, darf der Angreifer (x) nicht in die eigene Hälfte zurückkehren. Diese Position soll von jedem Spieler einer Mannschaft einmal eingenommen werden.

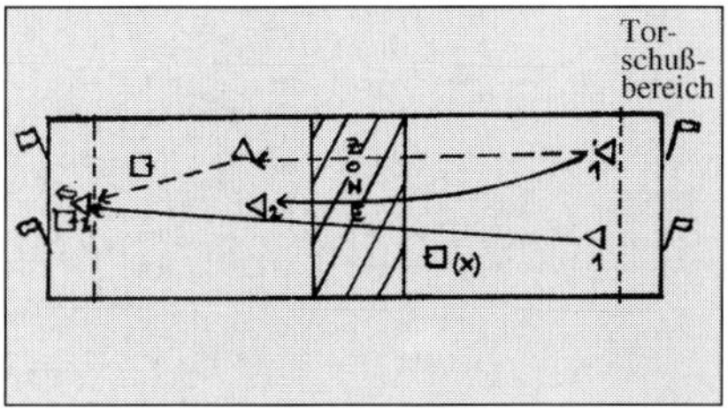

2. Taktik

a) Angriff

Nutze den Schlag, um größere Räume zu überbrücken! Setze den Schlag zum Torschuß ein; er ist härter und schwerer abzuwehren! Schlage schnell weiter bzw. auf das übergroße Tor!

b) Abwehr

Störe den Angreifer frühzeitig in deiner Spielhälfte, da er mit dem Schlag größere Räume überwinden kann! Verwende den Schlag auch zur Abwehr; du bringst den Ball schneller aus der Gefahrenzone! Laufe bei Ballverlust sofort in Richtung eigenes Tor! Schalte dich möglichst schnell wieder in das Abwehrspiel ein!

3. Technik

Vorhandschlagen des ruhenden Balles

1. Vorhandschlagen gegen die Wand; Vorhandschlagen in freien Raum.
2. Vorhandschlagen durch Kegel mit Nachlaufen (Zielgenauigkeit).
3. Vorhandschlagen zum Partner.

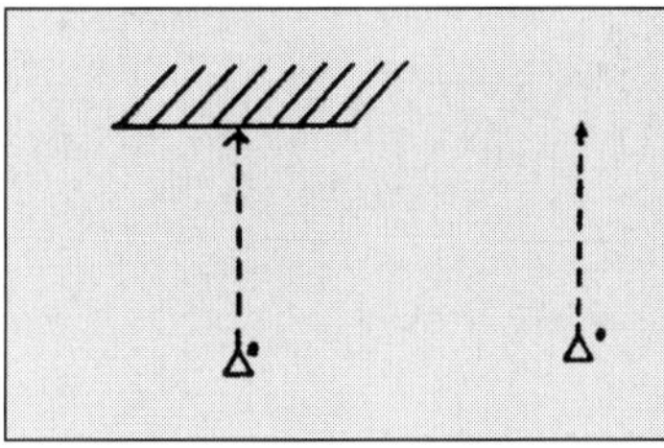
3/1

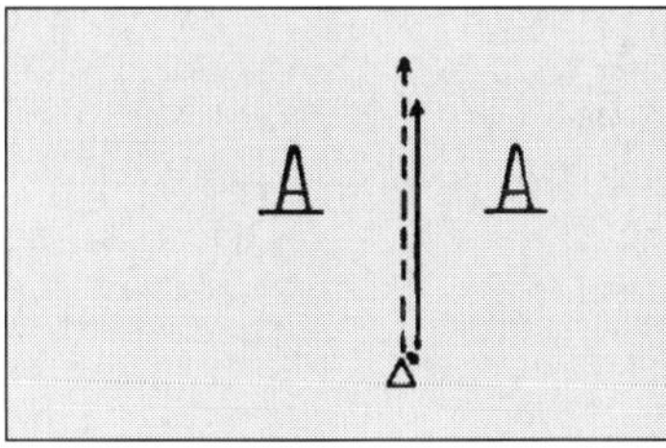
3/2

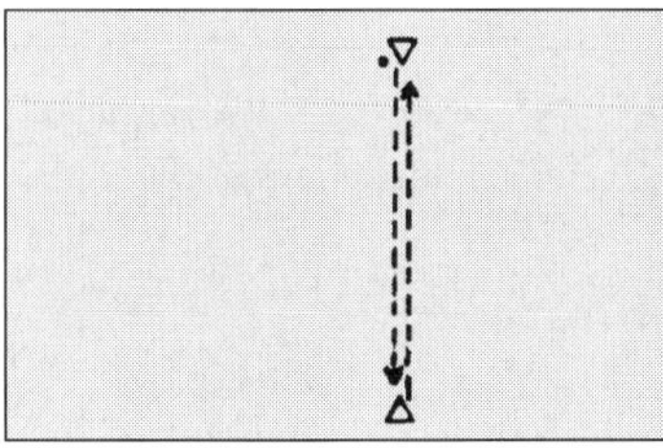
3/3

4. Ball durch die Kegelgasse

Jede Mannschaft steht sich in zwei Reihen gegenüber. Sie schlägt den Ball durch eine Kegelgasse zur gegenüberstehenden Reihe der Mannschaft. Erreicht der Ball nicht den Mitspieler, muß der Ball wieder im Feld aufgenommen werden. Jeder Spieler läuft hinter dem Ball her auf eine neue Position. *Welche Mannschaft hat zuerst den Durchgang beendet?*

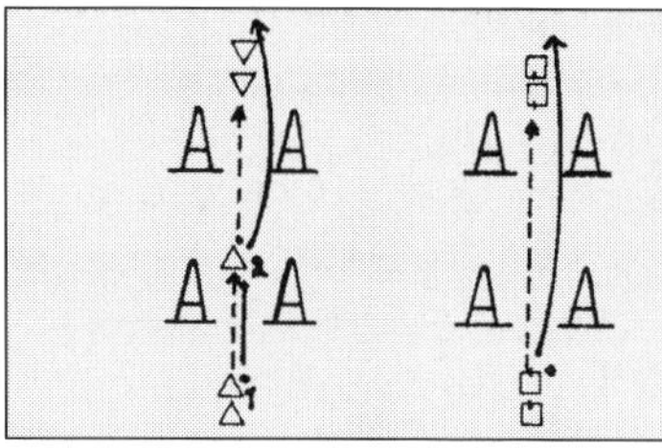

3/4

5. Schnellball auf das Tor

Innerhalb einer Gruppe schlägt jeder Spieler in rascher Abfolge vier bis sechs Bälle auf ein Stangentor. Dann stellt er sich an der letzten Position wieder an. *Welcher Spieler erreicht bei korrektem Schlag die meisten Tore?*

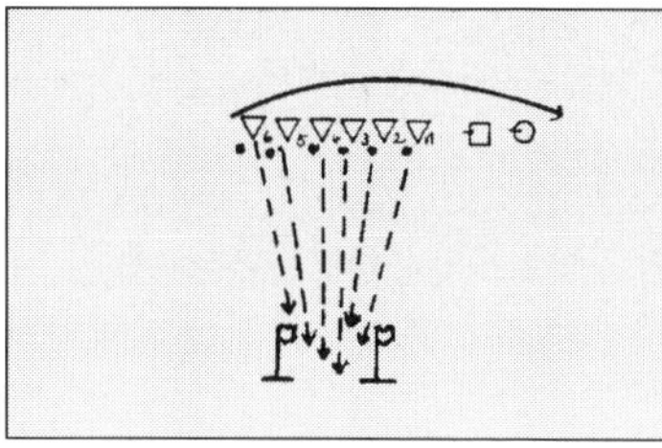

3/5

6. Hase gegen Igel

Der Ball wird von vier Spielern (Hasen) um ein Viereck geschlagen. Im Viereck stehen acht Spieler (Igel) in einer Gasse, die sich den Ball, wie abgebildet, zuschlagen. Jeder Spieler muß nachsetzen, falls sein Ball den Mitspieler nicht erreicht (Hasen und Igel). *Wer ist zuerst fertig: Hase oder Igel?*

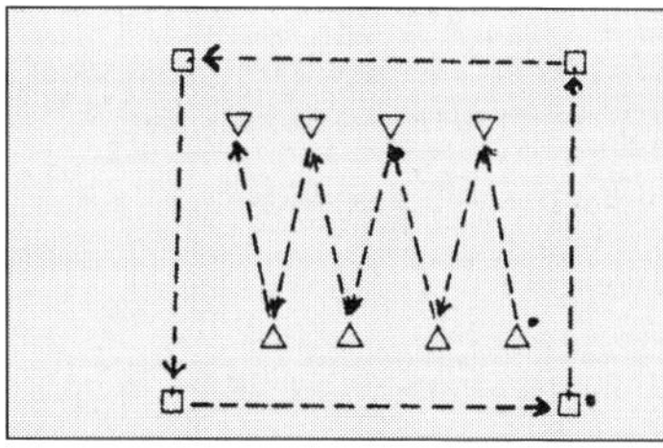

3/6

4. Bewegungsbeschreibung

Schlagen des ruhenden Balles - Vorhand

1. Die linke Schulter zeigt in Schlagrichtung.
2. Die Füße stehen in breiter Grätschstellung quer zur Schlagrichtung.
3. Die linke Hand greift fest am Stockende im Schlaggriff (nicht Drehgriff); der Handrücken zeigt in Schlagrichtung.
4. Die rechte Hand greift unmittelbar unter der linken Hand; der Handrücken entgegengesetzt zur Schlagrichtung.
5. Der Stock hat eine ca. 25° Neigung zum Boden.
6. Der Ball liegt zwischen den Füßen, ca. ¾ Stocklänge Abstand zum Körper.
7. Die Knie sind eingeknickt; tiefer Körperschwerpunkt.
8. Die Oberarme sind leicht vom Körper abgespreizt.
9. Die Unterarme sind gestreckt.
10. Flaches Rückführen des Stockes bis maximal Hüfthöhe.
11. In der Ausholphase zeigt die Keulenspitze nach oben; die flache Keulenseite zeigt senkrecht zum Boden.
12. Das Handgelenk und der Unterarm des rechten Armes sind stärker angewinkelt als beim linken Arm.
13. Gewichtsverlagerung auf hinteres (rechtes) Bein.
14. Bei der Schlagausführung erfolgt eine aktive Streckung der Hand- und Armgelenke.
15. Die flache Seite der Keule trifft den Ball am tiefsten Punkt der Schlagkurve; die Keulenspitze zeigt vom Körper weg.
16. Bei der Schlagausführung erfolgt die Gewichtsverlagerung vom hinteren auf das vordere Bein.
17. Den Stock linear hinter dem Ball herführen.
18. Aktives Abbremsen des Stockes bei flacher Ausschwungphase; maximal Hüfthöhe.
19. Die Keulenspitze zeigt in der Endphase nach oben; die flache Stockseite senkrecht zum Boden.

A

B

C

5. Fehlerbilder

Schlagen des ruhenden Balles - Vorhand

1. Die Keulenspitze zeigt vom Körper weg.
2. Schlagen über den Ball.
3. Schlag in den Boden.
4. Der Ball wird nur im oberen Drittel getroffen.
5. Die Hände greifen zu weit auseinander.
6. Die linke Hand greift den Stock nicht von der Seite.
7. Der Stock wird in der Ausholphase über die Hüfthöhe geführt .
8. Der Stock wird nach dem Schlag über Hüfthöhe gebracht.
9. Der Stock wird über Schulterhöhe gebracht (Verletzungsgefahr).
10. Der Ball läuft nach links, nicht in die gewünschte Richtung.
11. Fehlende Gewichtsverlagerung.

6. Fehlerbilderkorrektur

Schlagen des ruhenden Balles - Vorhand

1. Drehe die Keulenspitze zum „Himmel"!
2. Verkürze die Entfernung zum Ball!
3. Vergrößere den Abstand zum Ball!
4. Beuge die Arme nicht so stark, sie müssen beim Schlagpunkt gestreckt sein!
5. Schiebe beide Hände am Stockende direkt aneinander!
6. Bringe die linke Hand in Grundhaltung; der Handrücken zeigt in Schlagrichtung!
7. Führe den Stock nur bis zur Hüfte!
8. Bremse den Stock aktiv in Hüfthöhe ab!
9. Schwinge den Stock nicht über Schulterhöhe (Regelverstoß)!
10. Führe den Stock linear, nicht im Kreisbogen vor dem Körper; führe den Stock über eine Gerade!
11. Verlagere dein Gewicht bewußt vom hinteren auf das vordere Bein!

7. Regelausstattung

1. Im Feld- und Kleinfeld-Hockey kannst du den Ball schlagen. (F/K)
2. Es ist verboten, den Ball in der Luft zu schlagen, wenn der Schlag selbst gefährlich für andere Spieler ist. Du darfst den Ball nicht anheben und ihn anschließend in der Luft mit dem Stock schlagen. (F/K/H)
3. Ein ansteigender Ball ist als gefährliches Spiel zu sehen, wenn dein Gegenspieler zu einer ausweichenden Bewegung gezwungen wird. (F/K/H)

8. Allgemeine Bestimmungen

Das Feldhockey-Spielfeld

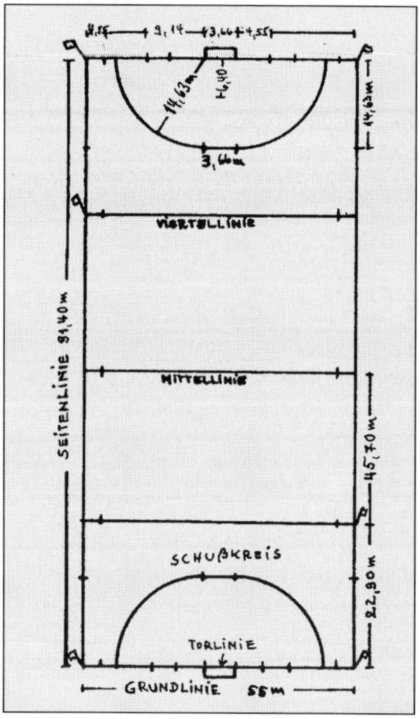

2.2.4 Halbes räumen

1. Spiel

Es wird mit einem Überzahlangriff (3:2) gespielt. Auf der Torlinie steht jeweils ein überbreites Tor, das durch Grenzfahnenstangen markiert ist. Die ballbesitzende Mannschaft muß per Rückhandschlag den Ball in die gegnerische Hälfte treiben. Sie kann nur Tore erzielen, wenn sich alle ihre Spieler in der gegnerischen Hälfte aufhalten. Tore müssen mit Schlag aus einem Torschußbereich erzielt werden. Rückhandschlagtore werden doppelt gewertet. Ein Spieler (x) darf nicht in die eigene Hälfte zurückkehren, um die Überzahl der Angreifer zu ermöglichen.

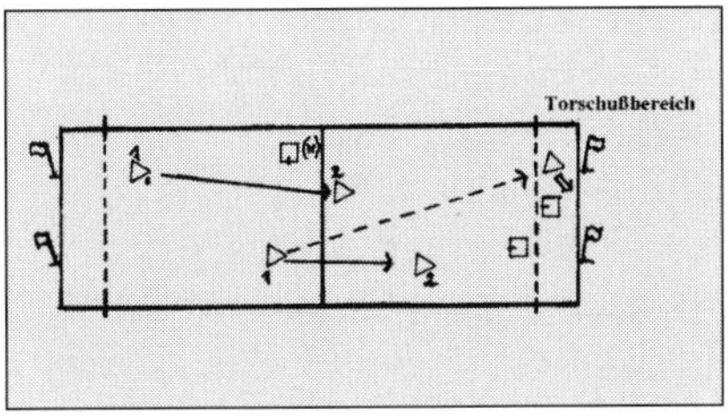

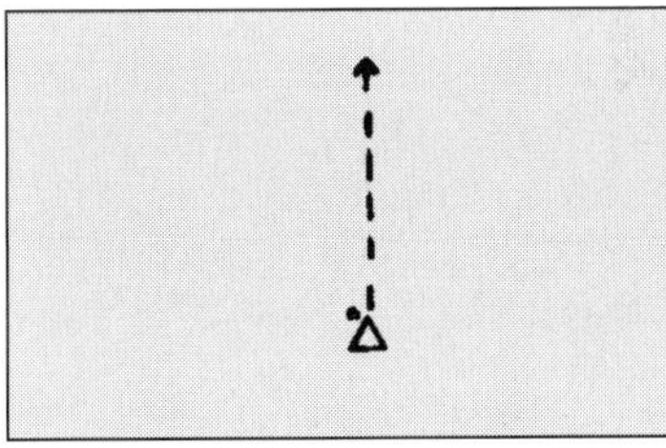
3/1

2. Taktik

a) Angriff

Nutze die Vorteile des Rückhandschlages, du brauchst den Ball nicht auf die Vorderseite zu bringen; das schafft Zeitvorteile!

b) Abwehr

Setze auch den Rückhandschlag zur Abwehr ein; in vielen Situationen bist du dann schneller am Ball als der Angreifer!

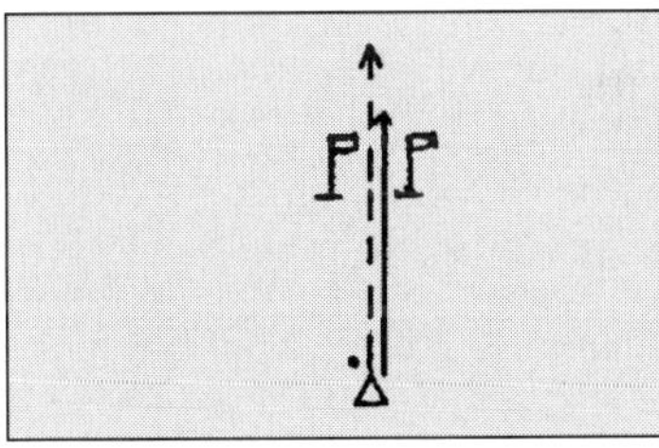
3/2

3. Technik

Rückhandschlagen des ruhenden Balles

1. Rückhandschlagen in den freien Raum.
2. Rückhandschlagen durch Stangentore mit Nachlaufen.
3. Rückhandschlagen im Dreieck, Schlagrichtung im Uhrzeigersinn.

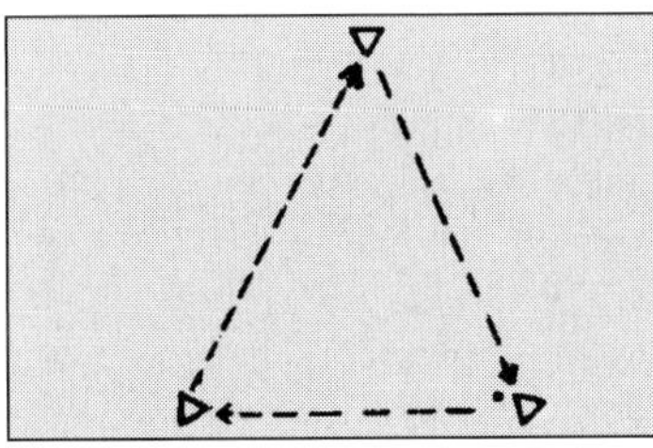
3/3

4. Ball ins Quadrat

Die Mannschaften stehen, wie abgebildet, vor einem Quadrat; Entfernung ca. 20 m. Jeder Spieler einer Mannschaft schlägt einen Ball in das abgesteckte Quadrat. *Welche Mannschaft hat die meisten Bälle im Quadrat placiert?*

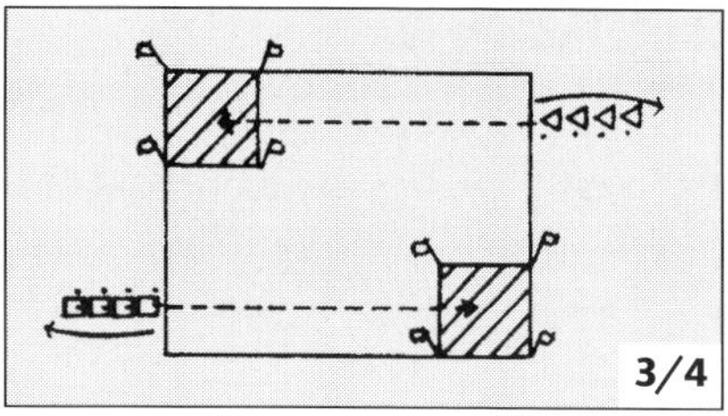

3/4

5. Ball durch das Tor

Zwei Mannschaften stehen sich in Linie (Grundlinie) gegenüber. Die Spieler schlagen nacheinander den Ball durch das Tor über die gegnerische Spiellinie, die etwa 5 m vor der Grundlinie liegt. *Welche Mannschaft hat zuerst alle Bälle über die Spiellinie geschlagen?*

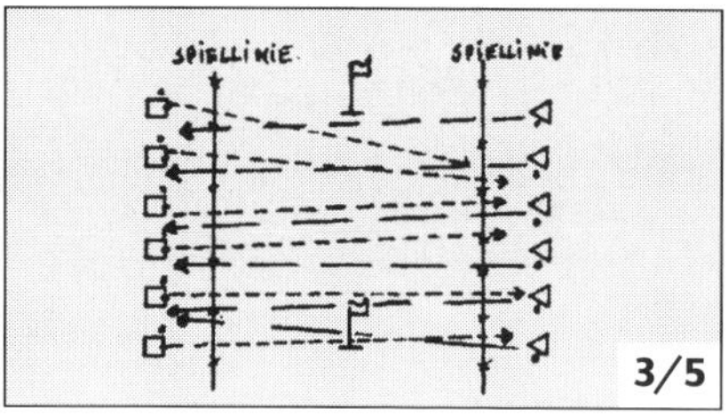

3/5

6. Vier-Tore-Wächter

Die Spieler stehen im Innenstirnkreis. Innerhalb des Kreises bewacht ein Wächter ein Vier-Tore-Feld, das er nicht betreten darf. Die Spieler auf der Kreislinie versuchen, den Ball mittels Rückhand durch die Tore zu schlagen. Nach einer vereinbarten Zeit wird der Wächter ausgetauscht. *Welcher Wächter wehrt die meisten Bälle ab?*

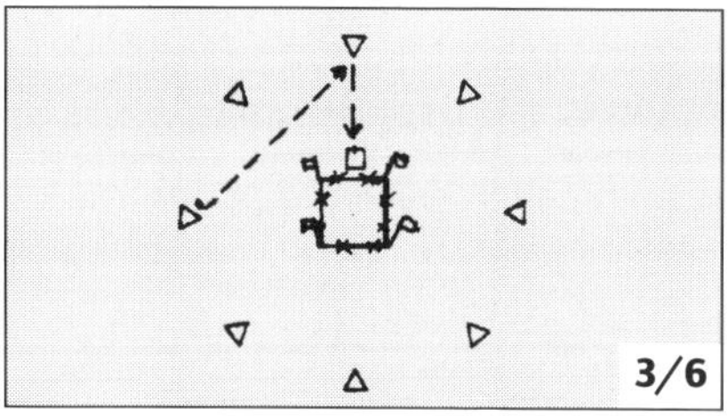

3/6

4. Bewegungsbeschreibung

Schlagen des ruhenden Balles – Rückhand

1. Die rechte Schulter zeigt in Schlagrichtung.
2. Die Füße stehen in breiter Grätschstellung quer zur Schlagrichtung.
3. Die linke Hand greift fest am Stockende im Drehgriff; der Handrücken zeigt zum Boden.
4. Die rechte Hand greift unmittelbar unterhalb der linken Hand; der Handrücken zeigt zur Schlagrichtung.
5. Der Stock hat eine ca. 25° Neigung zum Boden.
6. Der Ball liegt zwischen den Füßen, ca. ¾ Stocklänge Abstand zum Körper.
7. Die Knie sind eingeknickt; der Körperschwerpunkt liegt tief.
8. Die Oberarme sind leicht vom Körper abgespreizt.
9. Die Unterarme sind gestreckt.
10. Flaches Rückführen des Stockes bis maximal Hüfthöhe.
11. In der Ausholphase zeigt die Keulenspitze nach unten; die flache Keulenseite zeigt senkrecht zum Boden.
12. Das Handgelenk und der Unterarm des linken Armes sind stärker angewinkelt als beim rechten Arm.
13. Gewichtsverlagerung auf hinteres (linkes) Bein.
14. Bei der Schlagausführung erfolgt die Gewichtsverlagerung vom hinteren auf das vordere Bein.
15. Die Keule trifft den Ball mit der flachen Seite am tiefsten Punkt der Schlagkurve.
16. Bei der Schlagausführung erfolgt die Gewichtsverlagerung vom hinteren auf das vordere Bein.
17. Den Stock linear hinter dem Ball herführen.
18. Aktives Abbremsen des Stockes bei flacher Ausschwungphase bis maximal Hüfthöhe.
19. Die Keulenspitze zeigt in der Endphase nach unten; die flache Stockseite zeigt senkrecht zum Boden.

A

B

C

5. Fehlerbilder

Schlagen des ruhenden Balles - Rückhand

1. Kein Rückhandschlaggriff.
2. Die Keulenspitze zeigt in der Ausholphase zum „Himmel".
3. Schlagen über den Ball.
4. Schlag in den Boden.
5. Der Ball wird nur im oberen Drittel getroffen.
6. Der Stock gerät in der Ausholphase über Hüfthöhe.
7. Der Stock wird nach dem Schlag über die Hüfte hinausgeführt.
8. Der Stock wird über Schulterhöhe geführt (Verletzungsgefahr).
9. Der Ball läuft nicht in die beabsichtigte Schlagrichtung.
10. Fehlende Gewichtsverlagerung.

6. Fehlerbilderkorrektur

Schlagen des ruhenden Balles - Rückhand

1. Greife mit der linken Hand im Drehgriff; der Handrücken zeigt nach oben; setze die rechte Hand unmittelbar daneben!
2. Drehe die Keulenspitze so, daß sie zum Boden zeigt!
3. Verkürze den Abstand zum Ball!
4. Vergrößere die Entfernung zum Ball!
5. Strecke die Arme stärker, sie müssen beim Schlagpunkt durchgedrückt sein!
6. Führe den Stock in der Ausholphase nur bis Hüfthöhe!
7. Bremse den Stock in der Endphase aktiv ab!
8. Schwinge den Stock nicht über Schulterhöhe (Verletzungsgefahr)!
9. Führe den Stock nicht im Kreisbogen, sondern linear hinter dem Ball her; führe den Stock auf einer Geraden!
10. Bleibe nicht auf dem hinteren Bein stehen!

7. Regelausstattung

1. Für erzwungene Spielunterbrechungen muß die Zeit festgehalten werden. Sie wird der Halbzeit zugeordnet, in der die Unterbrechung eintrat. (F/K/H)
2. Gründe für erzwungene Spielunterbrechungen sind:
   - 7-m-Ball
   - Unfall
   - Zeitverzögerung
   - unvorhergesehenes Ereignis

   (F/K/H)

8. Allgemeine Bestimmungen

Spieldauer

Feldhockey

Knaben C/B	Mädchen C/B	2x25 Min.
Knaben A	Mädchen A	2x30 Min.
übrige Altersklassen		2x35 Min.

Hallenhockey

Knaben C/B	Mädchen C/B	2x10 Min.
Knaben A	Mädchen A	2x12,5 Min.
männl. Jugend B/A	weibl. Jugend	2x15 Min.

Altersklassen siehe Seite 81/8.

2.2.5 Etappenspiel auf zwei Offen-Tore

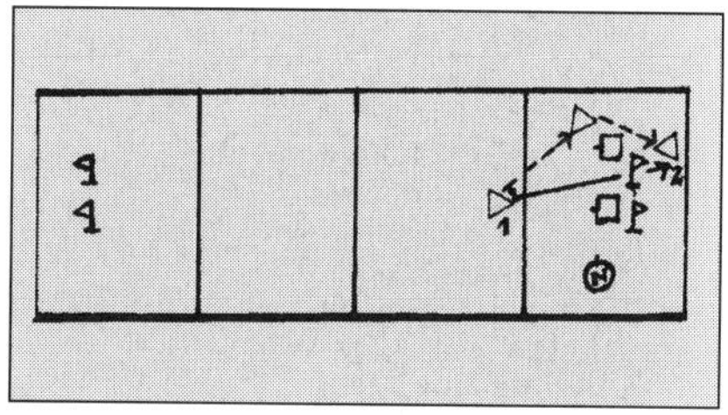

1. Spiel

Gespielt wird mit einem Unterzahlangriff (2:3) durch „Neutralen".

Das Spielfeld wird in mehrere Etappen eingeteilt. Die angreifende Mannschaft kann nur mit einem Paß die nächste Etappe erreichen; sonst erhält der Gegner den Ball. Erst in der letzten Etappe kann ein Tor erzielt werden. Bei einem Torerfolg erhält die verteidigende Mannschaft den Ball. Sie beginnt das Spiel in der Etappe, in der ihr Tor steht. Der neutrale Spieler gehört immer zur verteidigenden Mannschaft.

2. Taktik

a) Angriff

Suche den günstig postierten Mitspieler! Spiele den Ball frühzeitig ab; er ist schneller, als du laufen kannst! Der Ball ist schneller als der schnellste Spieler! Rücke nach dem Abspiel weiter auf! Überspiele die Abwehr durch placierte Pässe! Spiele den Ball in den Lauf des Mitspielers, sonst muß er abstoppen!

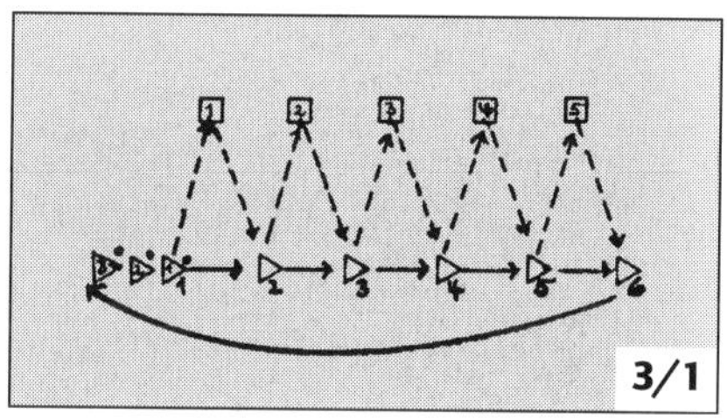

3/1

b) Abwehr

Achte darauf, daß in diesem Spiel Tore auch von der Rückseite erzielt werden können! Blockiere die Abspielmöglichkeiten zur nächsten Etappe, der Angreifer kann so nicht vor dein Tor gelangen! Mit einem Paß bist du als Abwehrspieler einfach auszuspielen; stelle dich so, daß du den Paß unterbinden kannst!

3. Technik

Passen in der Bewegung

1. Passen zum stehenden Mitspieler; Vorhand und Rückhand. Gruppen austauschen.

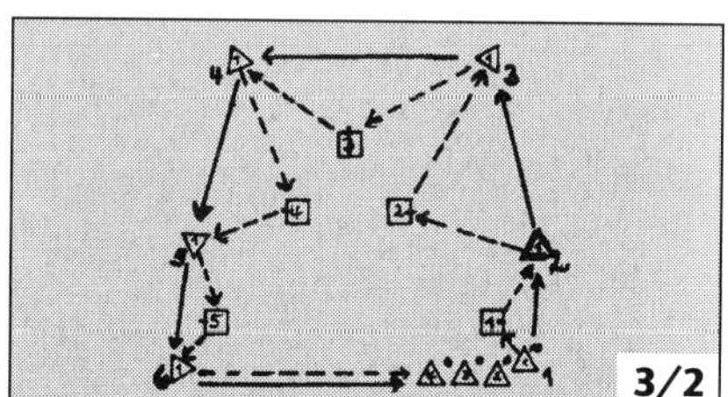

3/2

2. Umspielen einer Pyramide, bei der längere und kürzere Pässe gespielt und erlaufen werden müssen. Austausch der Gruppen.
3. Passen in der Gasse (Vorhand und Rückhand) mit Überlaufen der Rückhand/ohne Überlaufen der Rückhand.

4. Passen im Außenstirnkreis

Die Spieler stehen in einem stationären Außenstirnkreis, um den ein weiterer Kreis rotiert. Jeder Spieler des äußeren Kreises spielt jeden Spieler des inneren Kreises an. Geht der Ball verloren, wird er an der gleichen Stelle wieder ins Spiel gebracht. Außen- und Innenstirnkreise tauschen nach drei bis vier Durchgängen die Plätze. *Welche Gruppe hat zuerst 1-2-3... Durchgänge beendet?*

5. Staffel

Die Spieler stehen in zwei Reihen und passen sich in der Bewegung mit Vorhand und Rückhand den Ball zu. Die Spieler laufen paarweise auf die andere Seite des Feldes. Das nächste Paar darf erst starten, wenn das vorherige Paar eine Markierung im Feld überlaufen hat. *Welche Gruppe wird Staffelsieger?*

6. Nummernpassen

Es werden mindestens zwei Gruppen gebildet. Die Spieler laufen in einem begrenzten Feld. Jeder besitzt eine bestimmte Nummer. Die Spieler werden entsprechend ihrer Nummer in einer festgelegten Reihenfolge angespielt. *Welche Gruppe hat zuerst alle Nummern angespielt?*

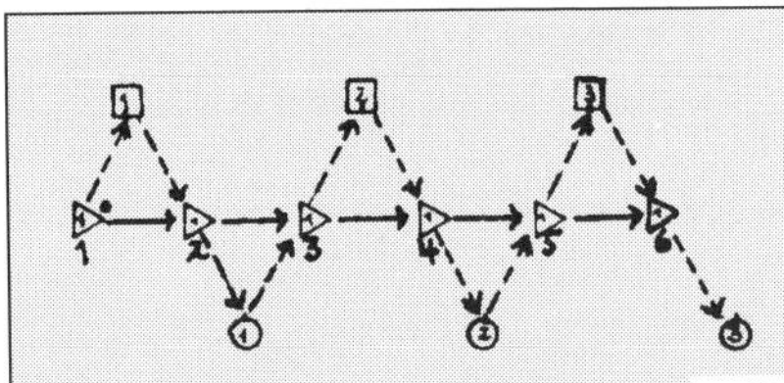

3/3

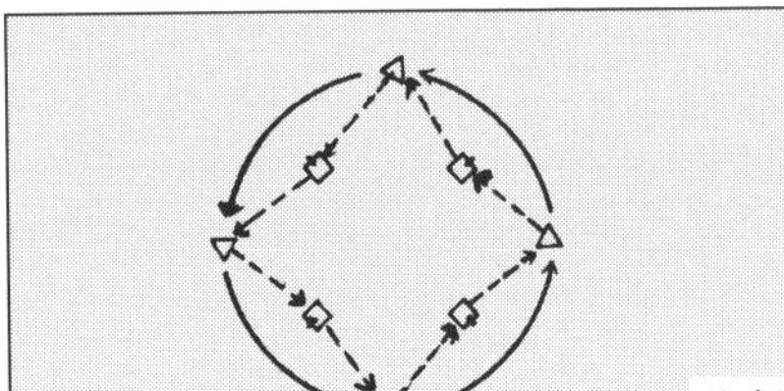

3/4

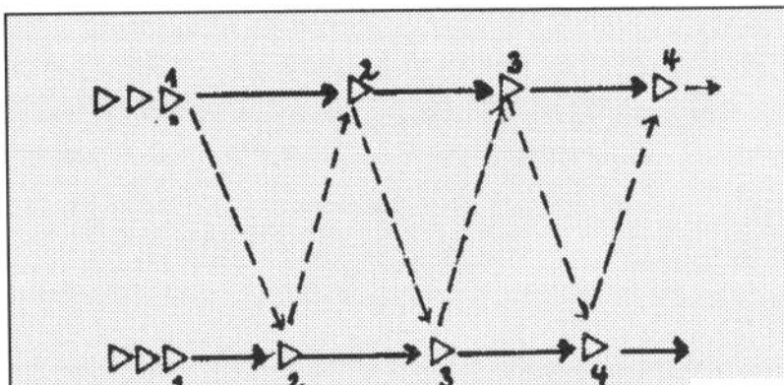

3/5

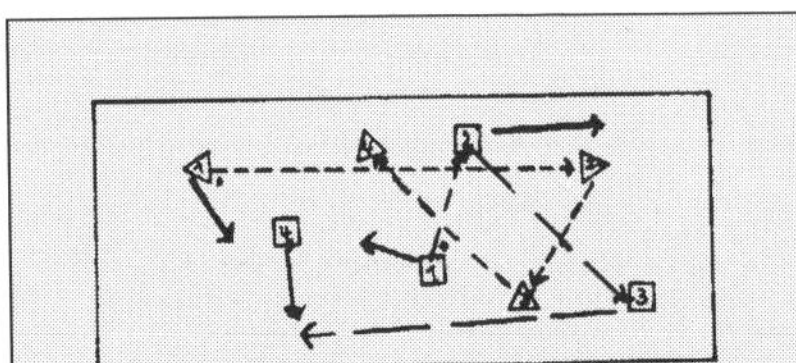

3/6

4. Bewegungsbeschreibung

a) Ballannahme in der Bewegung/ Vorhand

1. Die Stockhaltung ist wie beim Vorhandschieben.
2. Den Stock im Lauf vor den Körper bringen.
3. Die flache Stockseite zeigt nach links; die Keulenspitze nach oben.
4. Bei der Ballannahme beträgt die Stockneigung zum Boden ca. 45°.
5. Die Keule ist leicht nach links in Richtung des ankommenden Balles geneigt; leichte Dachbildung.
6. Die Ballannahme erfolgt in der Mitte vor dem Körper; rechter Fuß vor.
7. Der Ballkontakt erfolgt weich, um ein Abspringen des Balles vom Stock zu vermeiden.
8. Nach dem Ballkontakt Ballkontrolle, um weitere Spielaktionen einzuleiten.
9. Der Oberkörper ist leicht nach links gedreht.
10. Blickkontakt zum ankommenden Ball.

b) Ballannahme in der Bewegung/ Rückhand

1. Drehgriff wie beim Rückhandschieben.
2. Den Stock im Lauf vor den Körper bringen.
3. Den Stock in Rückhandstellung drehen; die Keulenspitze zeigt zum Boden.
4. Bei der Ballannahme beträgt die Stockneigung zum Boden ca. 45°.
5. Die flache Stockseite zeigt nach rechts.
6. Die Keule ist leicht nach rechts in Richtung des ankommenden Balles geneigt.
7. Der Ball wird vor dem Körper angenommen; linker Fuß vor.
8. Der Ballkontakt erfolgt weich, um ein Zurückspringen des Balles vom Stock zu vermeiden.
9. Ballkontrolle, um weitere Spielaktionen durchführen zu können.
10. Der Oberkörper ist leicht nach rechts gedreht.
11. Blickkontakt zum ankommenden Ball.

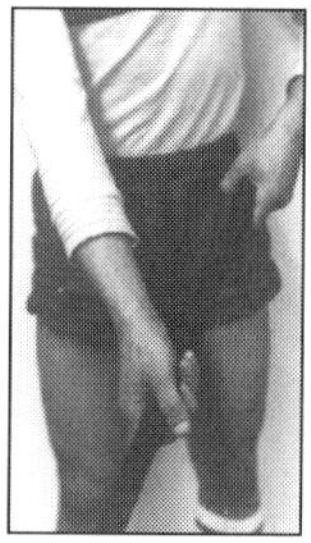

Grundgriff

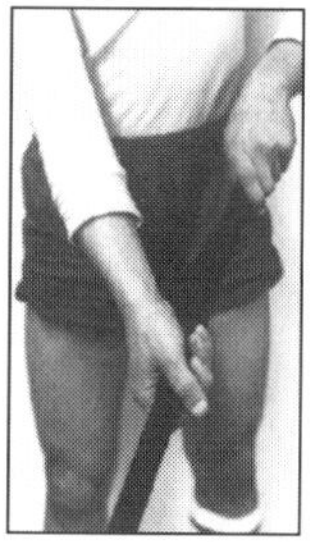

Drehgriff

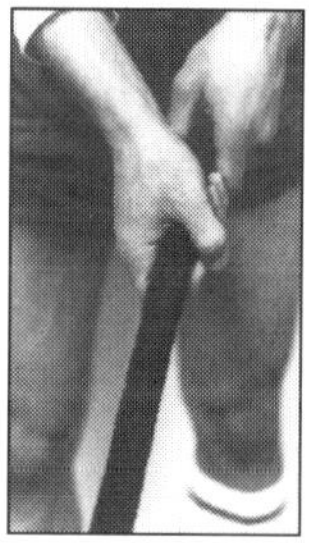

Schlaggriff

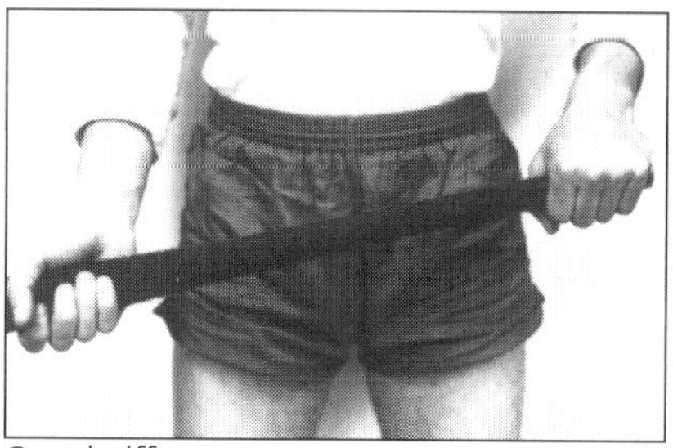

Grundgriff von vorne

5. Fehlerbilder

Ballannahme in der Bewegung - Vorhand/Rückhand

1. Der Ball wird zu kurz vor den Spieler geschoben. (Vh/Rh)
2. Der Ball wird zu weit auf der linken (Vh)/auf der rechten (Rh) Körperseite angenommen; die Ballkontrolle ist somit erschwert.
3. Der Ball springt über die Keule. (Vh/Rh)
4. Der Ball springt von der Keule zurück. (Vh/Rh)
5. Kein Drehgriff. (Rh)
6. Der Stock ist nicht in Rückhandstellung. (Rh)
7. Der Ballauf wird nicht richtig antizipiert. (Vh/Rh)

6. Fehlerbilderkorrektur

Ballanahme in der Bewegung - Vorhand/Rückhand

1. Reduziere deine Laufgeschwindigkeit! (Vh/Rh)
2. Nimm den Ball weiter am rechten (Vh)/am linken (Rh) Fuß an!
3. Bilde ein stärkeres Dach nach links (Vh)/nach rechts! (Rh)
4. Führe den Stock mit der rechten Hand weicher! (Vh/Rh)
5. Drehe den Handrücken der linken Hand weiter nach oben! (Rh)
6. Drehe die Keulenspitze so, daß sie zum Boden zeigt! (Rh)
7. Du mußt bewußt Blickkontakt zum Ball herstellen; schule dein peripheres Sehen! (Vh/Rh)

7. Regelausstattung

1. Du hast ein Tor erzielt, wenn der Ball vollständig die Torlinie unterhalb der Querlatte zwischen den Torpfosten überschritten hat. Voraussetzung ist, daß du den Ball innerhalb des Schußkreises gespielt hast bzw. er von deinem Stock abgelenkt worden ist. Der Ball kann dabei durchaus noch von einem oder mehreren Verteidigern gespielt worden sein. (F/K/H)
2. Überschreitet der Ball die Torlinie, wenn du ihn außerhalb des Schußkreises geschlagen oder geschoben hast, so ist das Tor ungültig, auch wenn im Schußkreis ein Verteidiger oder der Torwart den Ball berührt haben. Der Schiedsrichter entscheidet dann auf Eckschlag (F), sonst auf Abschlag. (K/H)

8. Allgemeine Bestimmungen

Das Tor

a) Feldhockeytor/Kleinfeldhockeytor
b) Hallenhockeytor
c) Schußkreise

Das Hallenhockeytor entspricht dem Hallenhandballtor. Im Kleinfeldhockey kann bei regionalen Turnieren auch auf das Hallenhandballtor gespielt werden.

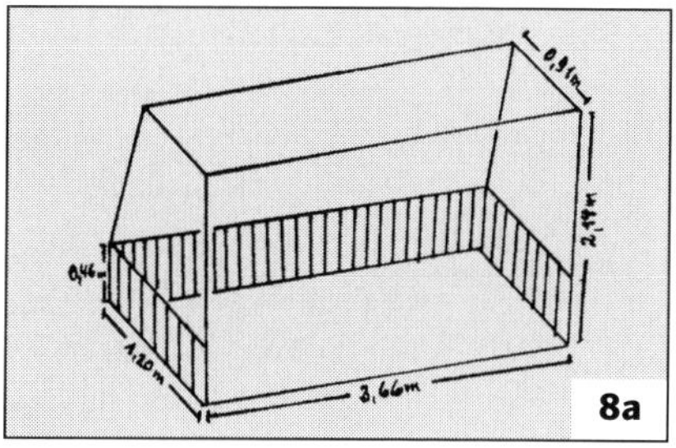

8a

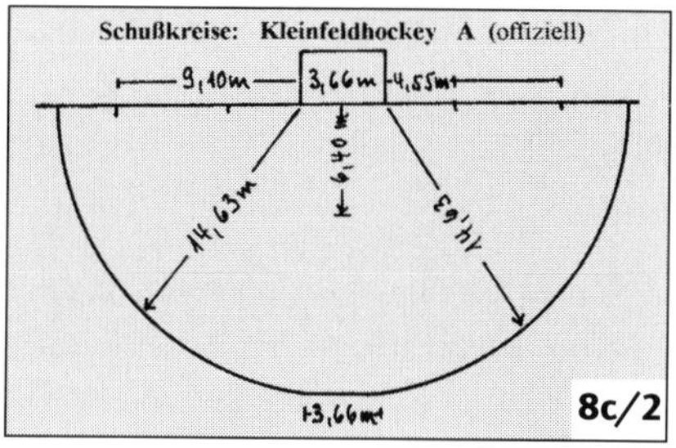

8c/2

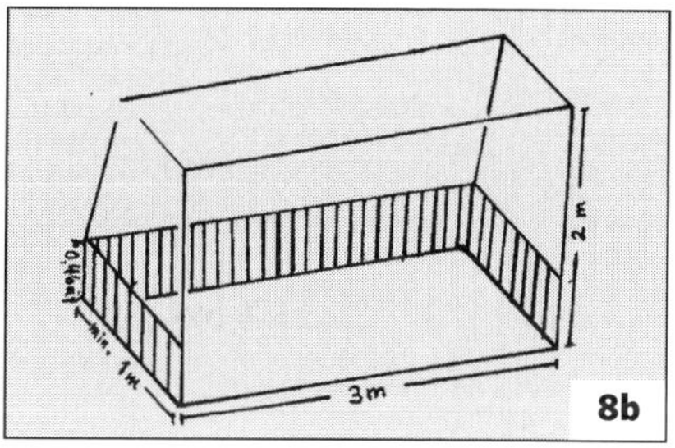

8b

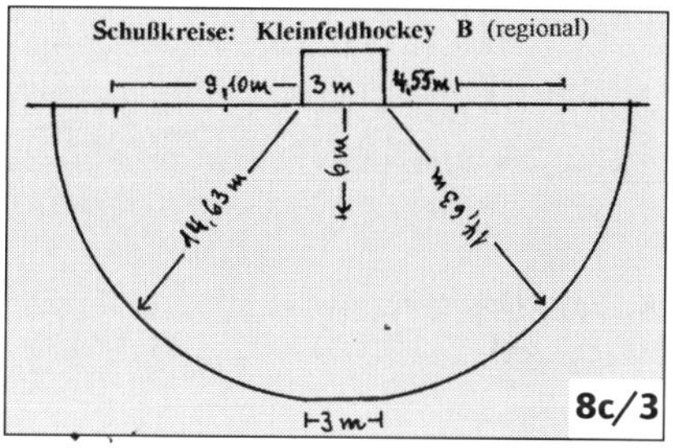

8c/3

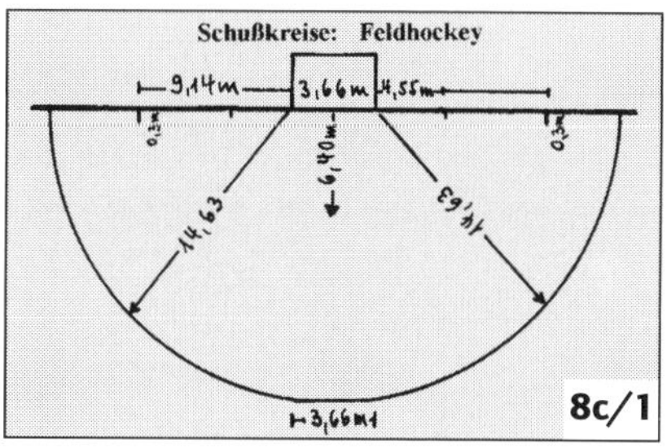

8c/1

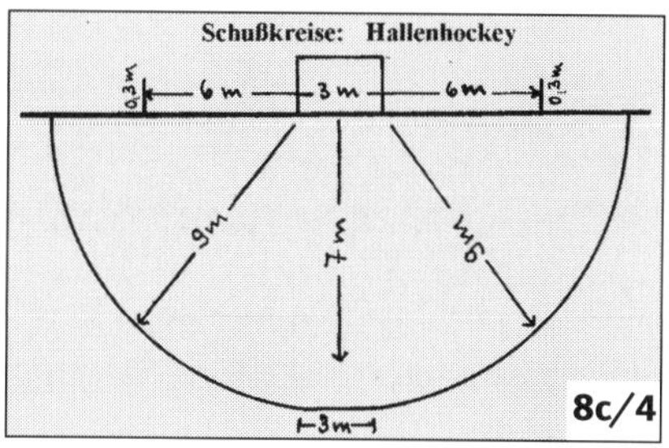

8c/4

2.2.6 Spiel auf fünf Offen-Tore

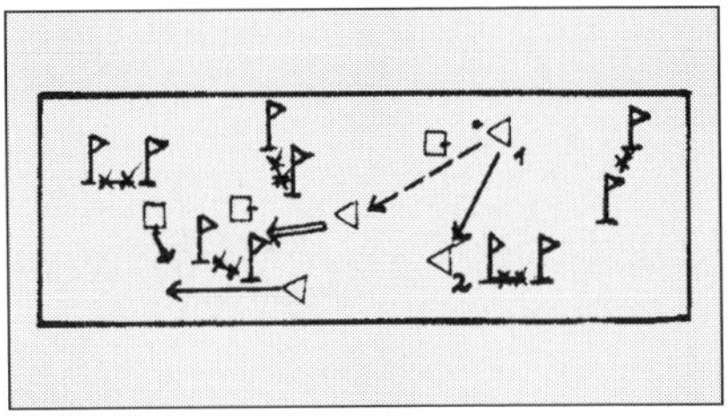

1. Spiel

Es wird von keiner Mannschaft eine Über- bzw. Unterzahl hergestellt. Von jeder Mannschaft kann an allen fünf Toren von beiden Seiten ein Tor erzielt werden. Für einen weiteren Torerfolg muß ein anderes Tor angespielt werden, falls der Gegner nicht zwischenzeitlich Ballkontakt hatte. Das Spiel wird ohne Unterbrechung durchgeführt. Bei einem Ausball wird der Ball eingeschoben.

2. Taktik

a) Angriff

Verharre nicht auf der Stelle, sondern löse dich aus dem Deckungsbereich des Verteidigers! Laufe in den freien Raum; das schafft ständig neue Probleme für die Abwehr!
Biete dich als freier Anspielpartner an, das eröffnet deiner Mannschaft bessere Tormöglichkeiten!
Je mehr Spieler sich ohne Ball bewegen, desto mehr Anspielmöglichkeiten ergeben sich!
Der am günstigsten zum Tor stehende Spieler muß den Ball zum Torschuß erhalten!

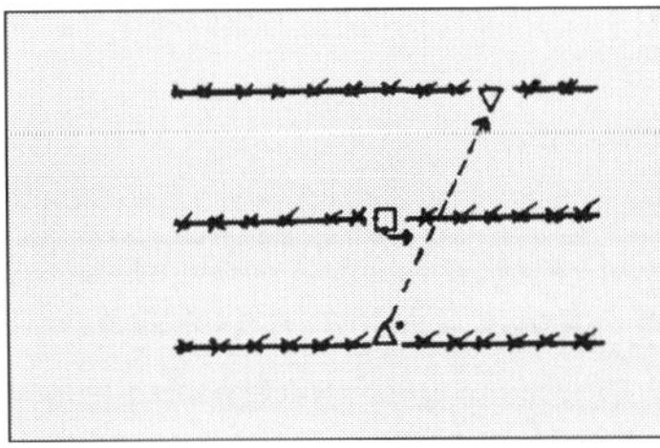

3/1

b) Abwehr

Du mußt dich auf ständig wechselnde Abwehrsituationen einstellen!
Lasse keinen Angreifer hinter deinen Rücken laufen, du verlierst die Übersicht!
Ein Angreifer hinter dem Verteidiger kann leicht jeden Fehler der Verteidigung zum Torschuß ausnutzen!
Versuche auch nach dem Torerfolg des Gegners, den Ball zurückzuerobern, der Gegner wird dir den Ball nicht freiwillig überlassen!

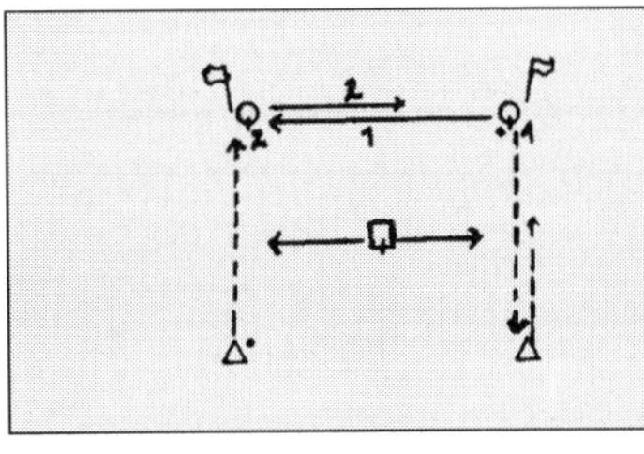

3/2

3. Technik
Freilaufen

1. Freilaufen auf drei Linien (2:1)
2. Freilaufen zwischen zwei Grenzfahnenstangen (3:1)
3. Freilaufen (3:1)

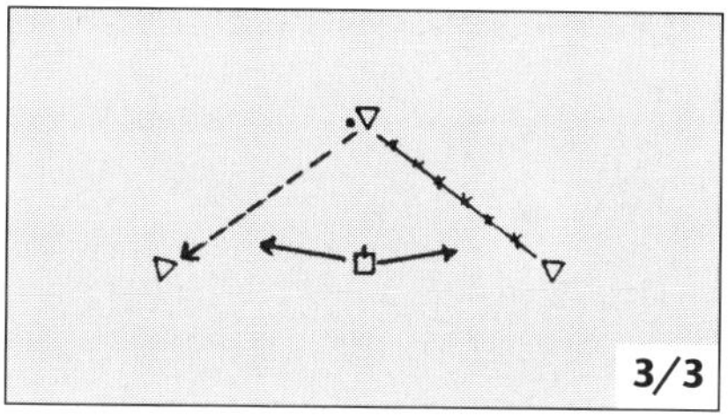
3/3

4. Spiel auf zwei Offen-Tore
Ein Abwehrspieler verteidigt zwei Offen-Tore, die im Winkel von 90° zueinander stehen. Drei Spieler, die sich ständig freilaufen, schieben den Ball von beiden Seiten auf die Tore. Nach einer vereinbarten Zeit wird der Abwehrspieler ausgetauscht. *Welche Gruppenzusammenstellung erzielt die meisten Tore?*

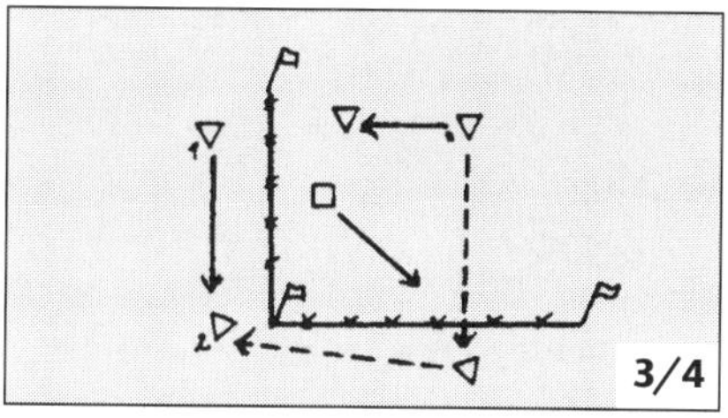
3/4

5. Spiel mit gesperrtem Innenfeld
Drei Angreifer spielen gegen einen Verteidiger auf zwei nach außen gedrehte Tore. Die angreifenden Spieler dürfen sich nur innerhalb des Spielfeldrahmens aufhalten; der Verteidiger darf den Innenraum betreten, um die Wege zu verkürzen. Jeder Angreifer wird einmal Verteidiger. *Welche Formation erzielt die meisten Tore?*

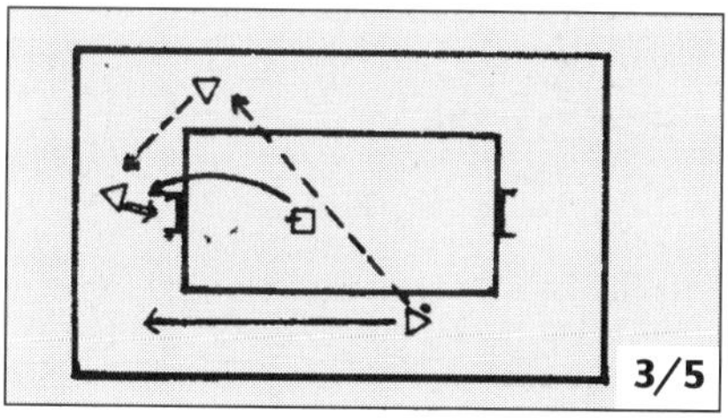
3/5

6. Königsspiel
Drei Spieler versuchen, an drei Offen-Toren Tore zu erzielen. Ein vierter Spieler verteidigt die Tore. Ein Spieler der Angreifer ist König, seine Tore zählen doppelt. Aus diesem Grund soll sich der König möglichst oft freilaufen, um für einen Torschuß angespielt zu werden. Jeder Spieler wird einmal König und einmal Verteidiger. *Welche Gruppe erzielt die meisten Tore?*

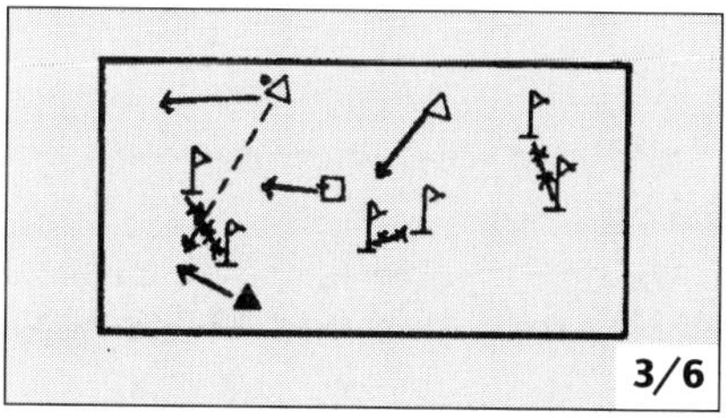
3/6

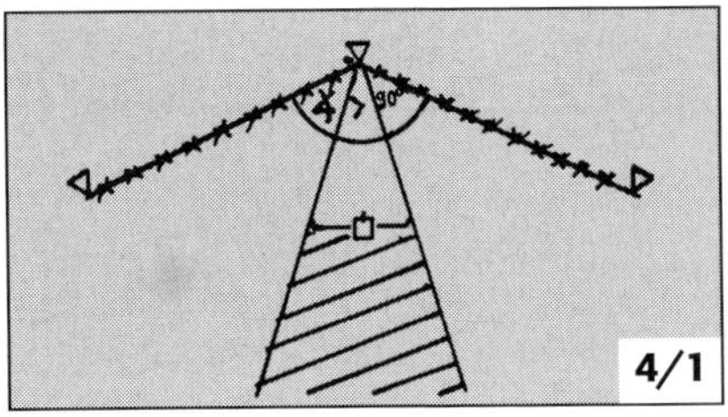

4/1

4. Bewegungsbeschreibung

Freilaufen

1. Der ballführende Spieler und der anspielbare Mitspieler sollen beim Freilaufen möglichst in einem Dreieck zueinander stehen.
2. Der Winkel der potentiell anspielbaren Mitspieler zum ballführenden Spieler muß immer größer als 90° sein (stumpfwinkliges Dreieck).
3. Bei einem Winkel kleiner als 90° (spitzwinkliges Dreieck) kann der abwehrende Spieler jederzeit das Zuspiel unterbinden.

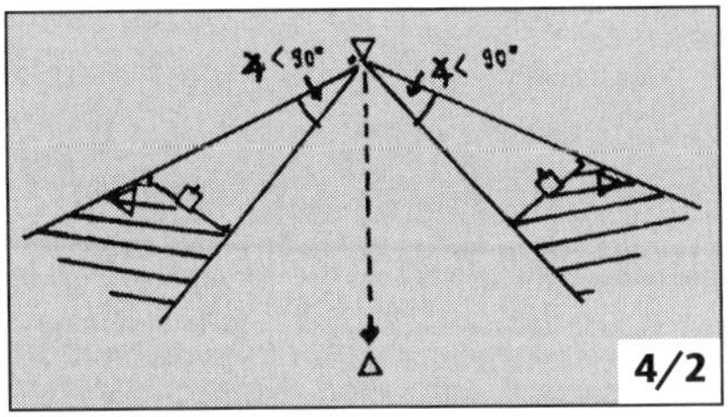

4/2

5. Fehlerbilder

Freilaufen

1. Der Mitspieler ist nicht anspielbar.
2. Der Gegner kann den Paß abfangen.
3. Der Paß wird vom Gegner erlaufen.

6. Fehlerbilderkorrektur

Freilaufen

1. Als Mitspieler stehst du zu lange an einer Position. Bewege dich mehr im freien Raum!
2. Du befindest dich in einer ungünstigen Stellung zum ballführenden Spieler. Laufe so zum Ballführenden, daß ein stumpfer Winkel entsteht!
3. Als ballführender Spieler hast du zu lange mit dem Paß gewartet; die günstige Abspielgelegenheit wurde vergeben. Spiele in solchen Situationen schneller ab!

4/3

7. Regelausstattung

1. Wenn der Ball vollständig die Seitenlinie überschritten hat, mußt du ihn an dem Punkt, an dem er die Seitenlinie überschritten hat, auf die Linie legen und einschlagen oder einschieben. (F/K)
2. Beim Hallenhockey mußt du ihn bis zu einem Meter von dem Punkt entfernt, an dem er über die Bande gesprungen ist, hinlegen und einschieben. (H)
3. Wurde der Ball durch einen Gegner ins Toraus befördert, so nimm das Spiel mit Schiebeball oder Schlag an der gegenüberliegenden Stelle, an der der Ball ins Aus gegangen ist (nicht weiter als 14,63 m von der Torauslinie entfernt), wieder auf. Kein Gegner darf näher als 5 m von dir entfernt stehen. (F/K)
4. In der Halle nimmst du das Spiel mit einem Schiebeball an beliebiger Stelle innerhalb des Schußkreises wieder auf. Kein Angreifer darf in diesem Moment im Schußkreis sein. (H)

8. Allgemeine Bestimmungen

Spieljahr - Spielklassen - Altersklassen

Das Spieljahr beginnt am 1.4. und endet am 31.3. des folgenden Jahres. Die Feldhockey-Saison dauert vom 1.4. bis 31.10.; die Hallenhockey-Saison vom 1.11. bis 31.3.

Es gibt folgende Altersklassen der Jugend ab Spieljahr 2000.

Knaben/Mädchen D	bis zum 8. Lebensjahr
Knaben/Mädchen C	9.-10. Lebensjahr
Knaben/Mädchen B	11.-12. Lebensjahr
Knaben/Mädchen A	13.-14. Lebensjahr
Männl./Weibl. Jugend B	15.-16. Lebensjahr
Männl./Weibl. Jugend A	17.-18. Lebensjahr
Junioren/Juniorinnen	19.-21. Lebensjahr

2.3 Spielsituation 3 Torsituationen herausarbeiten - Torsituationen vereiteln

2.3.1 Paralleles Vier-Tore-Spiel

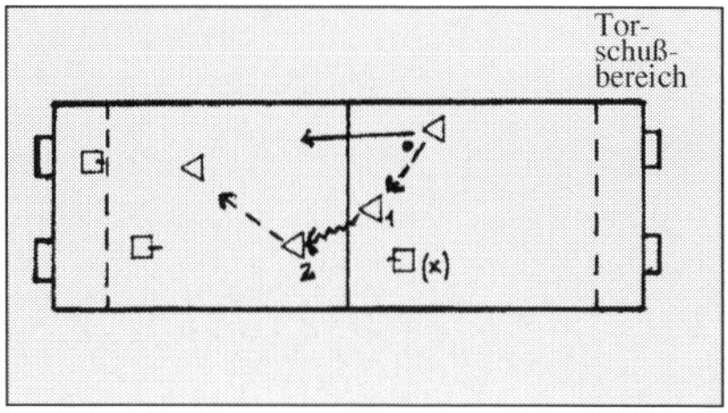

1. Spiel

Es wird mit einem Überzahlangriff (3:2) gespielt. Jede Mannschaft versucht, Torsituationen auf zwei Tore zu erspielen und zwei Tore zu verteidigen. Tore können nur innerhalb des Torschußbereiches erzielt werden. Kein Tor darf speziell durch einen Torwart verteidigt werden. Der Ball muß über die Mittellinie geführt werden. Wird er über die Mittellinie gepaßt, erhält die andere Mannschaft den Ball zur Spielaufnahme in ihrer eigenen Hälfte. Ein Angreifer (x) bleibt in der gegnerischen Hälfte, um die Überzahl herzustellen.

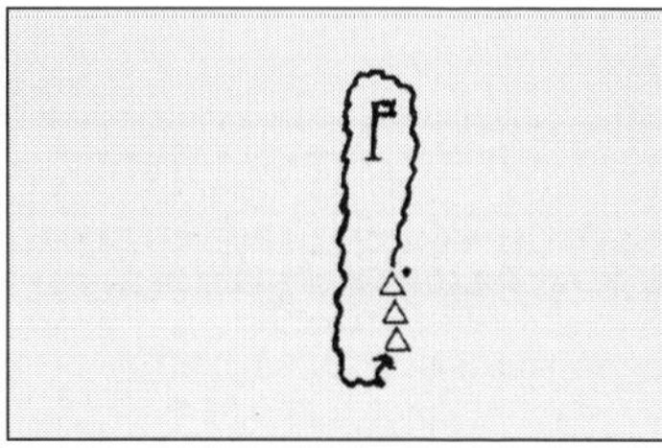

3/1

2. Taktik

a) Angriff

Du kannst den Ball jetzt auch auf der Vorhandseite führen; damit kannst du auch mit dem Ball am Schläger laufen! Nutze die Breite des Spielfeldes! Spiele auf die Seiten, da ergeben sich bessere Tormöglichkeiten!

b) Abwehr

Ihr müßt in Unterzahl zwei Tore verteidigen, dadurch verliert die Abwehr ihre Kompaktheit! Umgeht diesen Nachteil, indem ihr die Räume vor den Toren abschirmt!

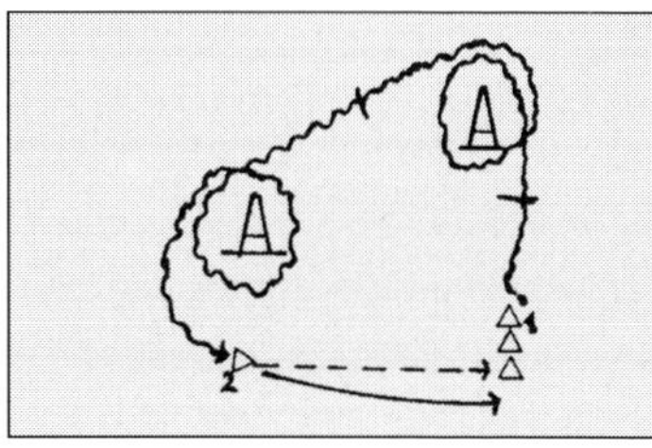

3/2

3. Technik

a) Vorhandseitführen mit Linkskurve

1. Vorhandseitführen des Balles mit Linkskurve um Kegel/Grenzfahnenstange etc.

2. Vorhandseitführen des Balles in Verbindung mit Anhalten, Linkskurven und Passen.
3. Vorhandseitführen des Balles in Verbindung mit Linkskurven, Anhalten, Zurückziehen und Torschuß.

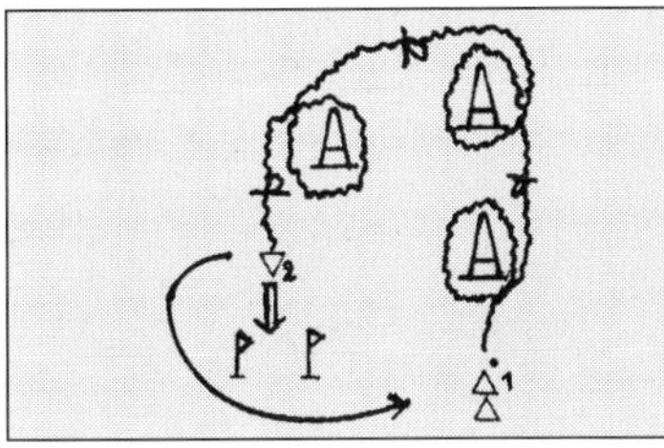

3/3

4. Starten und Stoppen

Die Spieler stehen mit Partner Rücken gegen Rücken an einer Mittellinie. Auf ein Zeichen des Spielleiters starten die Partner zum Lauf um ein Mal. *Wer hat zuerst seine Ausgangsstellung wieder erreicht? Welche Gruppe hat zuerst den Durchgang beendet?*

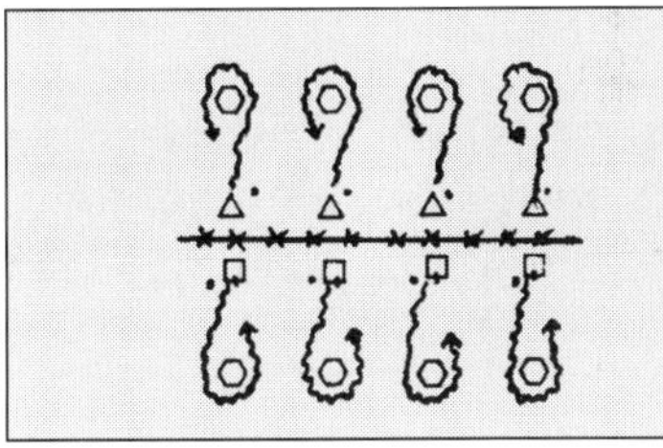
3/4

5. Astronautenspiel

Die Spieler bewegen sich auf der „Erde" (Kreis). Sie starten auf ein Zeichen von der Erde zu ihrem „Planeten" (Mal) und kehren zur Erde zurück. *Wer ist zuerst sicher auf der Erde gelandet?*

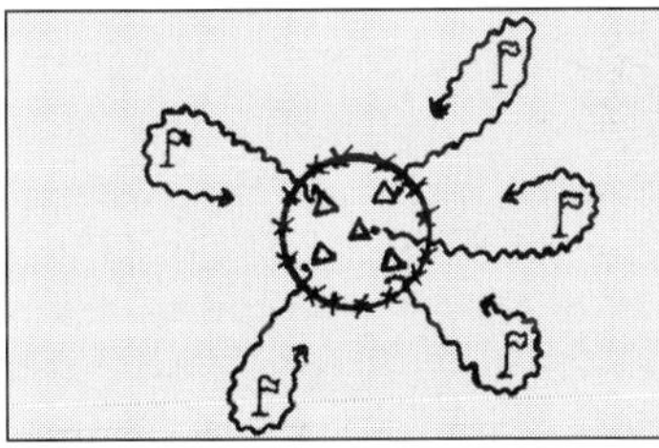
3/5

6. Sechstagerennen

Zwei Spieler gehören zu einer Mannschaft. Jede Mannschaft muß eine bestimmte Anzahl Runden laufen, die vorgegeben werden. Dabei wechseln sich die Spieler einer Mannschaft innerhalb einer Wechselzone ab. Den Wechselmodus (nach 1-2-3 oder mehr Runden) bestimmt jede Mannschaft selbst. (Jede vollendete Runde laut zählen lassen.) *Welche Mannschaft hat zuerst die volle Rundenzahl erreicht?*

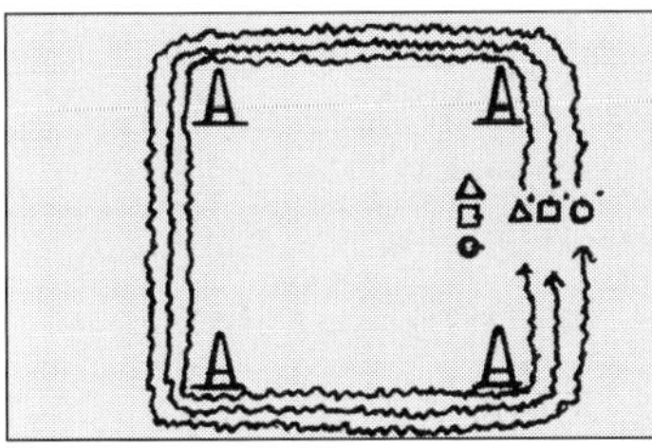
3/6

4. Bewegungsbeschreibung

a) Vorhandseitführen des Balles

1. Die Stellung des Spielers ist in Laufrichtung.
2. Den Stock in der Vorhandstellung schräg rechts vor dem Körper halten, die flache Seite zeigt nach vorne in Laufrichtung.
3. Die Neigung des Stockes zum Boden beträgt ca. 45°.
4. Die linke Hand hält im Grundgriff; die rechte Hand ist etwa 2-2,5 Handbreiten unterhalb wie bei Vorhandschieben.
5. Der linke Unterarm bildet mit dem Stock eine Gerade; beide Handgelenke sind passiv gestreckt.
6. Der Ball liegt etwa 1-1,5 Fußlängen neben dem rechten Fuß direkt vor dem Stock.
7. Den Ball durch weiches Antippen/leichte Treibschläge nach vorne führen (in der Halle den Stock über den Boden schieben).
8. Die rechte Schulter ist tiefer als die linke.
9. Den Blick vom Ball lösen.

A

b) Anhalten des Balles

1. Den Lauf stoppen; linker Fuß vor.
2. Das Gewicht auf hinteres, rechtes Bein verlagern, um die Stemmwirkung des linken Beines zu vergrößern.
3. Die linke Hand hält im Drehgriff; die rechte Hand bildet eine Öse.
4. Drehen der Keule in Rückhandstellung, dabei die Keule über den Ball bringen und vor dem Ball aufsetzen.
5. Den Ball in Höhe des linken Fußes seitlich vom Körper anhalten.

B

c) Zurückziehen des Balles

1. Den Ball aus der Schrittstellung vom vorderen zum hinteren Fuß zurückziehen.
2. Den Stock in Rückhandstellung vor den Ball bringen.
3. Die rechte Hand zieht den Stock zurück.
4. Die Keule in Vorhandstellung drehen.
5. Die Keule hinter den Ball bringen und den Ball anhalten.
6. Die Gewichtsverlagerung erfolgt vom vorderen auf das hintere Bein, um die Stemmwirkung zu erhöhen.
7. Nach vorne laufen und den Ball in der Vorhandstellung mitnehmen.

d) Linkskurve

1. Aus dem Vorhandseitführen den Ball vor den Körper bringen.
2. Den linken Ellenbogen nah an den Körper bringen; den rechten Arm strecken.
3. Die flache Stockseite zeigt nach links - vorne.
4. Den Ball nach links in die Kurve treiben; die Keule bleibt am Ball.
5. Die linke Hand drückt auf das Stockende; die rechte Hand führt eine aktive Kreisbewegung durch (Richtungsänderung).
6. Der Spieler bleibt mit kurzen Schritten hinter dem Ball.
7. Nach Beendigung der Kurve den Ball wieder in Vorhandseitführen weiterspielen.

5. Fehlerbilder

Vorhandseitführen/Anhalten/Zurückziehen/Linkskurve

1. Die rechte Hand hält am Stockende.
2. Der Stock bildet mit dem Boden einen Winkel über 45°.
3. Der Ball wird zu nah am Körper geführt, dadurch wird der Laufrhythmus gestört, der Spieler tritt auf den Ball.
4. Zu stark gebeugte Oberkörperhaltung des Spielers, mangelnde Spielübersicht.
5. Die linke Hand ist nicht im Drehgriff.
6. Die rechte Hand dreht mit.
7. Der Stock steht zu steil.
8. Der Ball läuft weiter, da die Keule nicht weit genug über den Ball gedreht wurde.
9. Die linke Hand erzeugt zu wenig Druck auf das Stockende; der Ball wird nicht in einer Kreisbewegung mitgenommen.
10. Die Ballgeschwindigkeit ist schon vor der Kurve zu hoch, der Spieler kann nicht hinter dem Ball bleiben.
11. Die Gewichtsverlagerung erfolgt nicht stark genug auf das hintere Bein.

6. Fehlerbilderkorrektur

Vorhandseitführen/Anhalten/Zurückziehen/Linkskurve

1. Greife grundsätzlich mit der linken Hand das Stockende; fasse mit der rechten Hand weiter unten!
2. Drücke das Stockende weiter zum Boden; bilde einen Winkel von 45°!
3. Führe den Ball weiter seitlich vom Körper; achte auf mindestens eine Fußlänge Abstand!
4. Richte den Oberkörper weiter auf, damit du dein Umfeld besser beobachten kannst!
5. Drehe den Handrücken nach oben!
6. Bilde mit der rechten Hand eine Öse!
7. Drücke das Stockende weiter zum Boden; bringe den linken Unterarm in Verlängerung des Stockes!
8. Setze die Keule vor dem Ball auf dem Boden auf!
9. Drücke das Stockende weiter vom Körper weg; bilde ein stärkeres Dach; führe den Ball mit der rechten Hand in die Kreisbewegung und nimm die linke zurück!
10. Reduziere die Ballgeschwindigkeit notfalls mit einem Anhaltemanöver!
11. Verlagere dein Gewicht auf das hintere Bein!

7. Regelausstattung

1. In der Linkskurve bereitet es dir keine Schwierigkeiten, den Ball mit der flachen Stockseite zu spielen. (F/K/H)
2. Beim Anhalten des Balles darfst du nur die flache Seite des Stockes benutzen, sonst begehst du einen Stockfehler. (F/K/H)
3. Beim Zurückziehen des Balles darfst du ebenfalls nur die flache Seite des Stockes benutzen, du begehst sonst einen Regelverstoß. (F/K/H)

8. Allgemeine Bestimmungen

Der Schiedsrichter

Ein guter Schiedsrichter zeichnet sich aus durch:

↓	↓	↓
Kondition	Fairneß	Regelkenntnis
Konzentration	Unparteilichkeit	Auslegen der Regel
Reaktion	Sportlichkeit	Überblick
Beweglichkeit	Mut	Vorausdenken
Stellungsspiel	Selbstbewußtsein	Einfühlungsvermögen

2.3.2 Vier-Tore-Seiten-Spiel

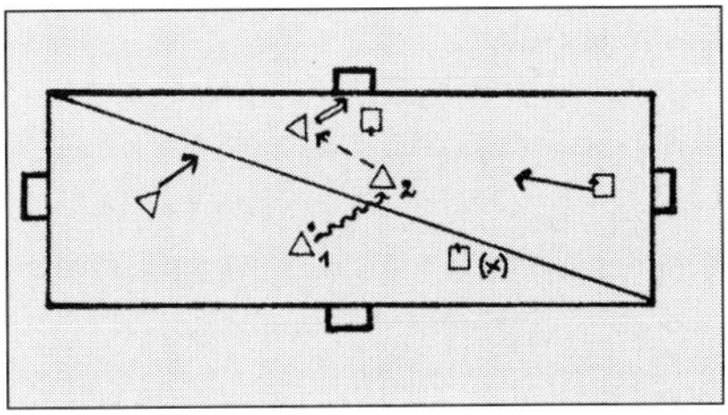

1. Spiel

Gespielt wird mit einem Überzahlangriff (3:2). Jede Mannschaft spielt auf ein Grundlinien- bzw. Seitenlinientor und muß in ihrer Hälfte entsprechend verteidigen. Kein Tor darf speziell durch einen festen Torwart gesichert werden. Der Ball muß über die Diagonale geführt werden, ansonsten erhält der Gegner den Ball zugesprochen. Ein Angreifer (x) bleibt im Angriffsdreieck, um die Überzahl herzustellen.

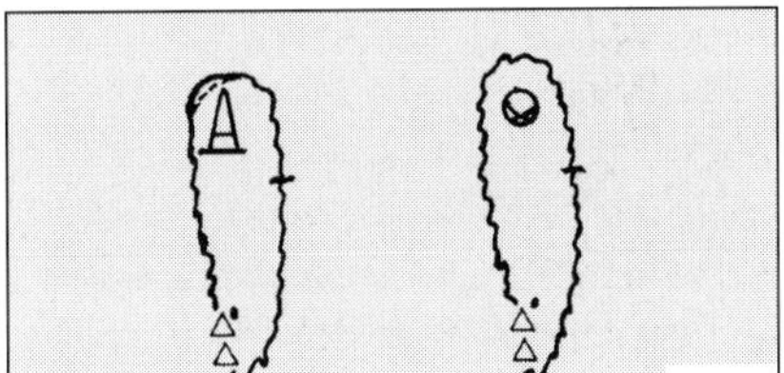

3/1

2. Taktik

a) Angriff

Greife auch das Seitentor an! Wenn du auf das Seitentor spielst, muß der Gegner seine Deckung lockern!

b) Abwehr

Der Gegner kann auch an der Seite Tore erzielen; du mußt dich deshalb in der Abwehr anders postieren, schirme beide Tore ab! Auch hier mußt du die Räume decken! Du spielst bei großen Räumen in der Unterzahl; nutze deine Reichweite! Dränge den Gegner zur Seite hin ab, auf der seine Tore stehen!

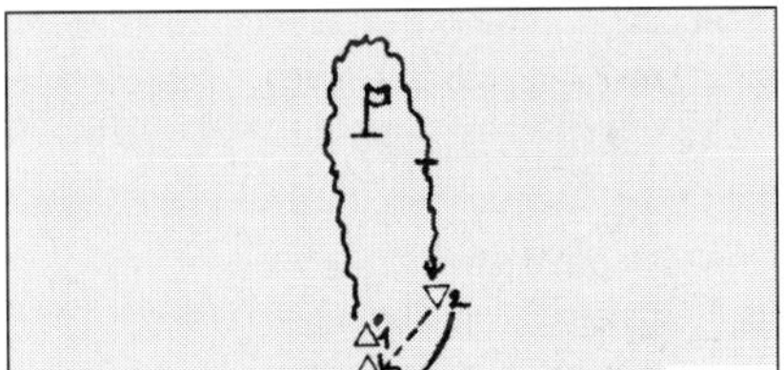

3/2

3. Technik

Vorhandseitführen mit Rechtskurve

1. Vorhandseitführen des Balles in der Rechtskurve mit Überlaufen des Balles um eine Grenzfahnenstange/Kegel/Medizinball etc., Anhalten.
2. Vorhandseitführen des Balles in der Rechtskurve mit Rückhandführen, Anhalten und Passen.

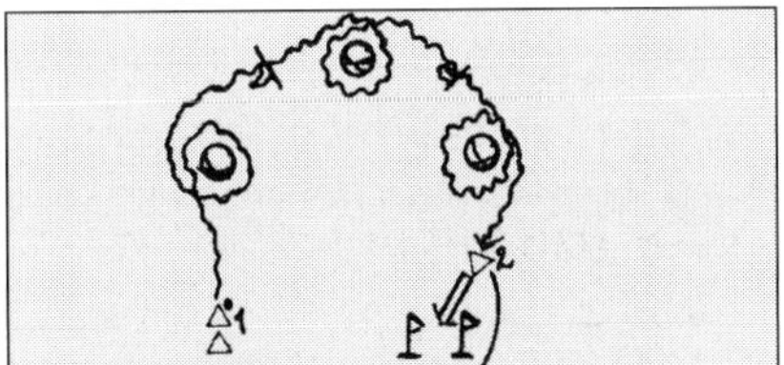

3/3

3. Vorhandseitführen des Balles in der Rechtskurve mit Rückhandführen, Anhalten, Zurückziehen und Torschuß.

4. Zieharmonikalauf

Die Spieler stehen hinter einer Ausgangslinie und starten gemeinsam zur ersten, zweiten, dritten Grenzfahnenstange - je nach Angabe des Spielleiters, die sie in einer Rechtskurve umlaufen. Variation: Die Spieler umlaufen in einem Durchgang die erste, zweite und dritte Grenzfahnenstange und kehren jeweils zum Startpunkt zurück. *Wer hat zuerst die Ausgangsposition erreicht?*

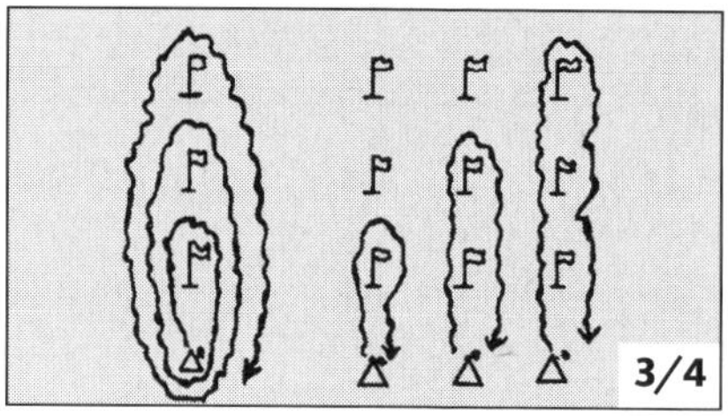

3/4

5. Nummernwettlauf

Die Spieler stehen im Flankenkreis. Jede Flanke ist durchnumeriert. Auf Zuruf des Spielleiters starten alle Spieler mit der gleichen Nummer zum Lauf im Uhrzeigersinn um den Kreis. *Wer steht als erster wieder auf seinem Startplatz? Welche Gruppe hat zuerst einen Durchgang beendet?*

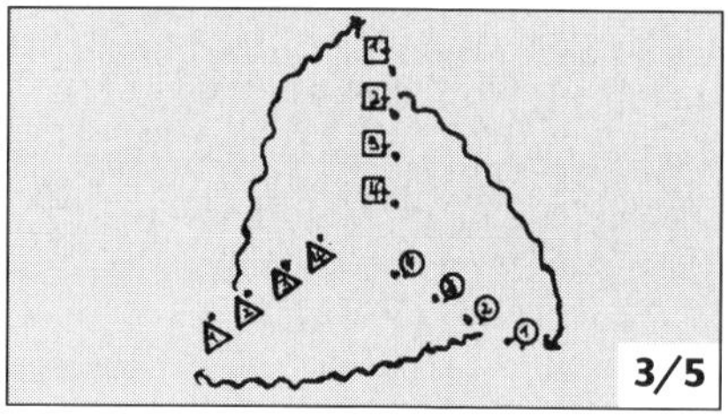

3/5

6. Verfolgungsrennen

Die Spieler stehen an den gegenüberliegenden Seiten eines Vierecks. Von hier aus startet jeweils ein Spieler im Uhrzeigersinn. Nach einer Runde übergibt er den Ball an den nächsten Spieler. *Welche Gruppe holt die andere ein?*

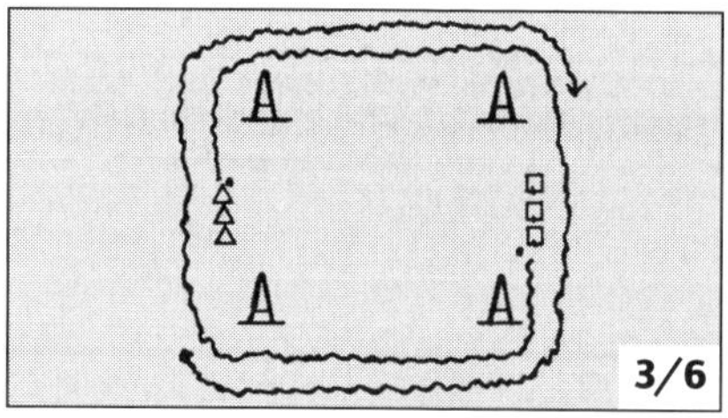

3/6

4. Bewegungsbeschreibung

a) Rechtskurve mit Überlaufen und Vorhandführen

1. Spielen des Balles in Vorhandseitführen.
2. Überlaufen des Balles.
3. Den linken Ellenbogen nach vorne bringen.
4. Die rechte Schulter zurücknehmen und absenken.
5. Den Stock zurückführen und den Ball in Höhe der Ferse aufnehmen.
6. Die Keulenspitze leicht nach außen (rechts) drehen.
7. Den Ball nach rechts in die Kurve treiben; die Keule bleibt am Ball.
8. Die linke Hand drückt auf das Stockende; leichte **Dachbildung.**
9. Den Ball mit der Keule in einer Kreisbewegung mitnehmen.
10. Nach Durchlaufen der Kurve in kleinen Schritten den Ball wieder in Vorhandseitführen aufnehmen.

b) Rechtskurve mit Rückhandführen

1. Spielen des Balles in Vorhandseitführen.
2. Den Ball aus dem Vorhandseitführen vor den Körper bringen.
3. Die linke Hand hält im Drehgriff.
4. Die rechte Hand bildet eine Öse.
5. Den Stock auf Rückhand drehen.
6. Den rechten Ellenbogen nah an den Körper bringen.
7. Den linken Arm strecken und Druck auf das Stockende ausüben.
8. Den Ball auf der Rückhandseite mit der rechten Hand durch die Kurve ziehen (Richtungsänderung); die Keule bleibt am Ball.
9. Die flache Stockseite zeigt nach vorne rechts.
10. Der Spieler bleibt mit kurzen Schritten hinter dem Ball.
11. Nach Beendigung der Kurve den Ball wieder in Vorhandseitführung aufnehmen.

4. Fehlerbilder

Rechtskurve

1. Der Spieler überläuft den Ball nicht.
2. Der Spieler kann den Ball nicht überlaufen, die Ballgeschwindigkeit ist zu hoch.
3. Der Stock wird bei der Ballaufnahme nach hinten gekippt, der Ball springt über die Keule.
4. Der Ball wird in der Rechtskurve mit der runden Stockseite gespielt.
5. Der Stock steht zu steil, der Ball wird zu nah am Körper geführt.
6. Die Keule bleibt nicht auf dem Boden; der Ball läßt sich nicht mehr kontrollieren.
7. Die Kreisbewegung wird nicht ausgeführt, da das Stockende zu nah am Körper ist.

6. Fehlerbilderkorrektur

Rechtskurve

1. Tritt schneller und kürzer an!
2. Drossele die Geschwindigkeit des Balles, setze die Keule kurz vor den Ball!
3. Drücke das Stockende mit der linken Hand leicht nach vorne!
4. Drehe den Stock auf die Rückhand; die Keulenspitze zeigt zum Boden!
5. Drücke das Stockende weiter zum Boden; bilde einen Winkel von 45°; der linke Unterarm und der Stock sollen eine Gerade darstellen!
6. Drücke die Keule bewußt auf den Boden!
7. Vergrößere den Abstand zum Ball!

7. Regelausstattung

1. Die Rechtskurve mußt du auch mit der flachen Seite spielen. (F/K/H)
   Vorsicht: Es besteht die Gefahr, daß du hier leicht die runde Seite benutzt!
2. Wenn du den Ball mit der Rückseite des Stockes „berührst", ohne einen Vorteil für dich zu erzielen, dann braucht der Schiedsrichter nicht abzupfeifen. Darauf solltest du dich jedoch nicht verlassen. Spielen darfst du den Ball mit der runden Stockseite auf keinen Fall. (F/K/H)

8. Allgemeine Bestimmungen

Leitung des Spiels durch zwei Schiedsrichter und Zeitnehmer

Das Spiel wird von zwei Schiedsrichtern geleitet. Jeder Schiedsrichter ist für die Entscheidungen in seiner Spielhälfte sowie für seine Seitenauslinie verantwortlich. Weitere Entscheidungen sind Eckschlag, Strafecke, 7-m-Ball und Tor. Sie wechseln nicht die Spielfeldseiten. Die Schiedsrichter sind für die Einhaltung der Spielzeit und für die Zeitnahme verantwortlich. Die Zeitnehmer übernehmen die Zeitnahme und das Anzeigen des Endes jeder Halbzeit.

2.3.3 Vier-Ecken-Tore-Spiel

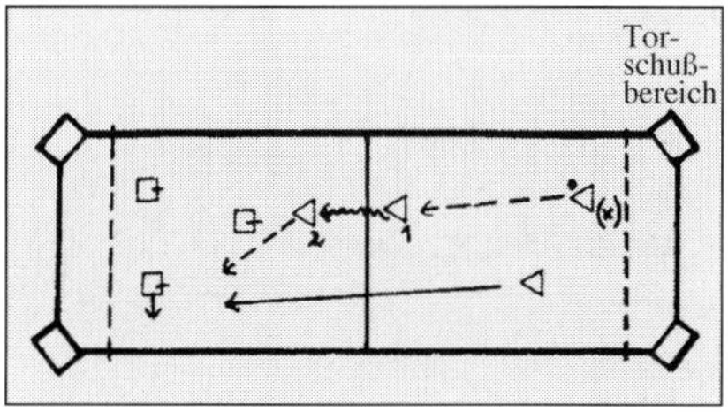

1. Spiel

Es wird mit einem Unterzahlangriff (2:3) gespielt. Jede Mannschaft verteidigt bzw. greift zwei Eckentore an. Kein Tor ist speziell gesichert. Tore können nur innerhalb des Torschußbereiches erzielt werden. Die Mittellinie ist mit Dribbling zu überqueren, sonst wird dem Gegner der Ball zuerkannt. Er nimmt das Spiel in seiner Hälfte auf. Ein Verteidiger (x) bleibt in der eigenen Hälfte, um die Unterzahl im Angriff zu ermöglichen.

2. Taktik

a) Angriff

Halte den Ball unter Kontrolle! Im Dribbling kannst du den Ball mit dem Stock abschirmen! Dribble nur, wenn kein Mitspieler freisteht! **Beachte:** Abspiel vor Dribbling! Ein Dribbling verschafft dir in einer bestimmten Situation einen kurzen Vorteil, trenne dich schnell vom Ball! Versuche dich nicht in unnötigem Dribbling, die gegnerische Abwehr kann sich schnell neu formieren!

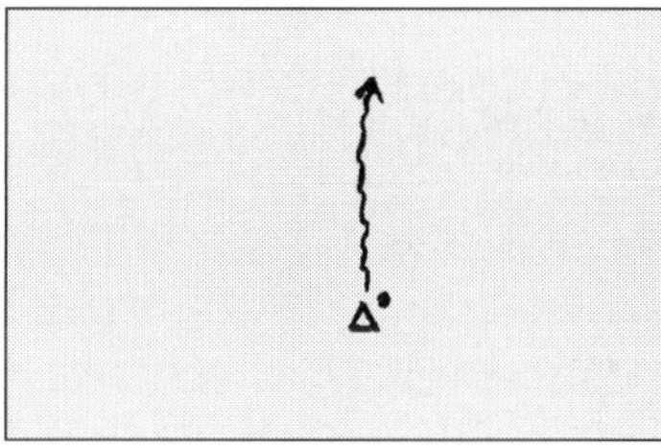
3/1

b) Abwehr

Bei Ballverlust ziehe dich schnell in die eigene Abwehr zurück; unnötiges Dribbeln des Gegners ermöglicht euch in der Abwehr ein besseres Formieren! Dribble nicht als letzter Mann in der Abwehr; jeder Ballverlust kann zu einem Tor für den Gegner führen!

3. Technik

Einführung des Dribblings

1. „Dribbeln" des Balles im Stand, im Gehen, im Trab.

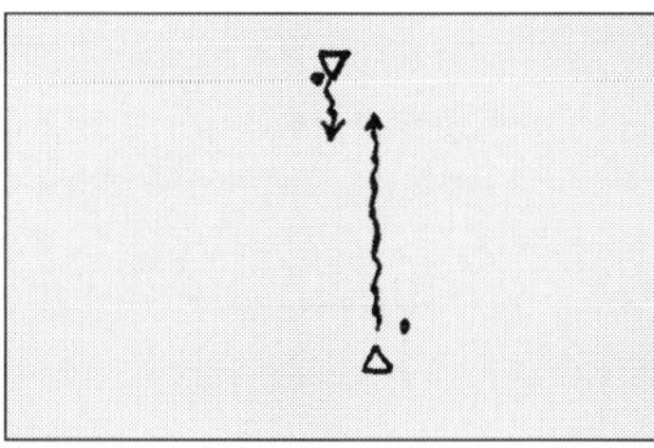
3/2

2. Abwechselndes Dribbeln des Balles mit Partner im Lauf auf neue Position.
3. Dribbeln des Balles auf einer Geraden mit Partner/in einer Gruppe.

4. Bälle austragen und einsammeln

Die Spieler formieren sich in mehreren Reihen. Der erste Spieler einer Reihe dribbelt den Ball in ein Mal und läuft ohne Ball zur Startlinie zurück. Der zweite Spieler läuft zum Mal und dribbelt den Ball zur Startlinie zurück. Dies wird fortgesetzt, bis alle Spieler durch sind. *Welche Gruppe hat zuerst 1-2-3... Durchgänge beendet?*

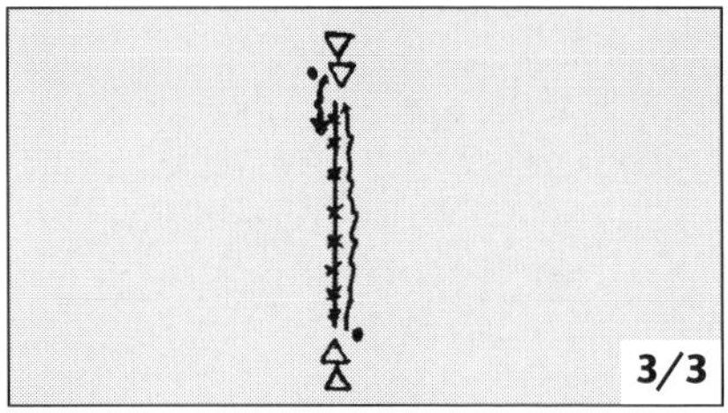

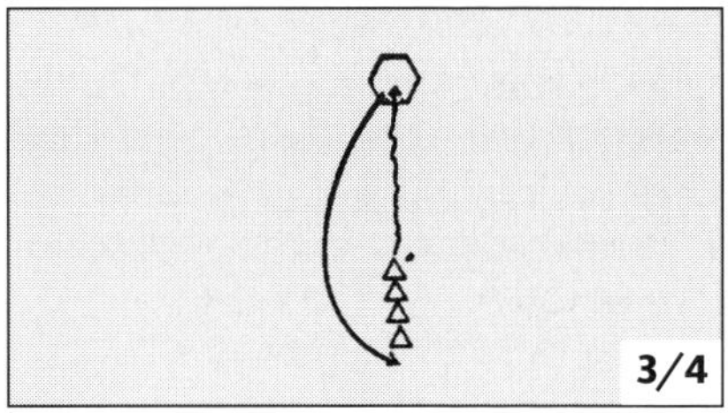

5. Eilboten

Die Spieler stehen sich versetzt in Gasse gegenüber. Der erste dribbelt den Ball zum ersten gegenüber und stellt sich auf dessen Position. Der zweite übernimmt den Ball und dribbelt ihn zum dritten usw., bis alle Spieler den Ball gedribbelt haben. Verliert ein Spieler die Botschaft (Ball), so muß er das Spiel an dieser Stelle wieder aufnehmen. *Welche Gruppe hat zuerst die „Botschaft" überbracht?*

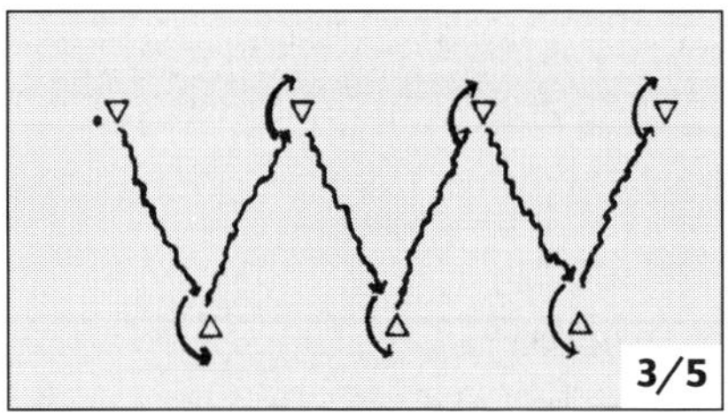

6. Vordermann abschlagen

Die Spieler stehen mit Abstand auf zwei Linien. Die Spieler der vorderen Linie versuchen, den Ball auf ein Startkommando in das Mal zu dribbeln, während die Spieler der zweiten Linie - ohne Ball - ihre Vordermänner abschlagen. Hat der ballführende Spieler das Mal erreicht, nimmt er seine alte Position wieder ein; wird er abgeschlagen, tauschen die Partner die Positionen.
Wer kann den Ball ins Mal dribbeln?

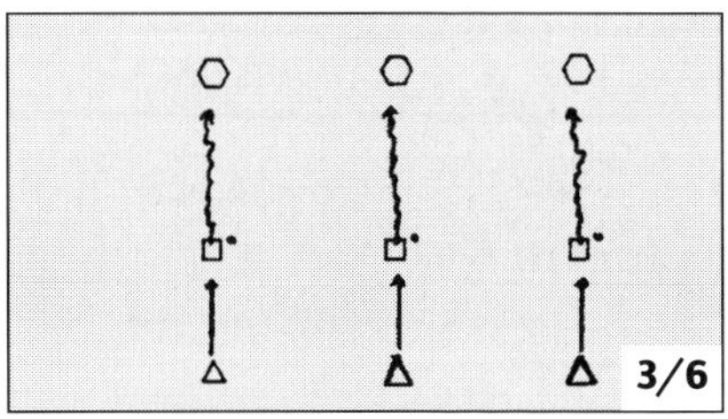

4. Bewegungsbeschreibung

Dribbling des Balles vor dem Körper

1. Stellung des Spielers in Laufrichtung.
2. Die linke Hand hält im Drehgriff.
3. Die rechte Hand hält wie beim Vorhand-schieben 1-2 Handbreiten unterhalb am Stock auf der Wicklung.
4. Die rechte Hand hält locker mit Ösenbildung zum Drehen des Stockes auf die Rückhand.
5. Die Stockneigung zum Boden beträgt ca. 45°.
6. Der Ball liegt zwischen den Füßen ca. 1,5 Fußlängen vor den Füßen.
7. Die flache Stockseite ist rechts neben dem Ball.
8. Der Ball wird mit der Vorhand nach vorne (anfangs schräg nach vorne) gespielt.
9. Drehen des Stockes in Rückhand-Stellung.
10. Die flache Stockseite befindet sich links neben dem Ball, nachdem die Keule über den Ball gedreht wurde.
11. Den Ball mit Rückhand nach vorne (anfangs schräg nach vorne) spielen.
12. Drehen des Stockes in Vorhand-Stellung, dabei die Keule über den Ball auf die rechte Ballseite bringen.
13. Ständiges Wiederholen der Bewegungen von Nr. 7 bis Nr. 12.
14. Bei jedem Ballkontakt den Ball nach vorne spielen.
15. Den Ball möglichst auf einer Geraden führen.
16. Den Ball jetzt soweit vor dem Körper spielen, daß die Arme gestreckt sind.
17. Mit zunehmender Ballgeschwindigkeit den Ball weiter vor dem Körper dribbeln.
18. Bei Ballkontakt mit der Vorhand ist der **rechte** Fuß vorne.
19. Bei Ballkontakt mit der Rückhand ist der **linke** Fuß vorne.
20. Den Blick vom Ball lösen, das Blickfeld vergrößern.

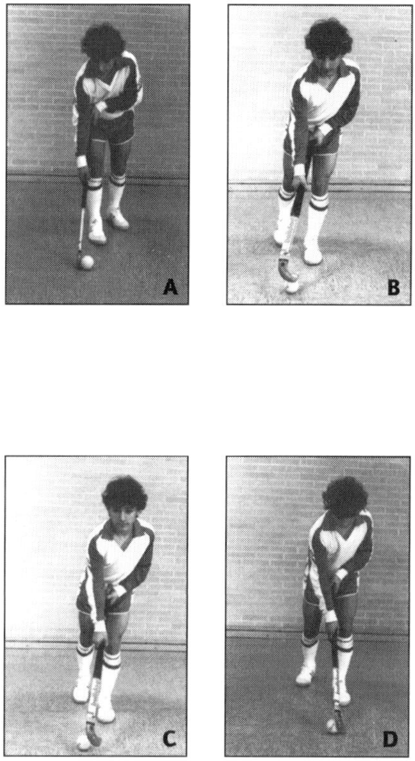

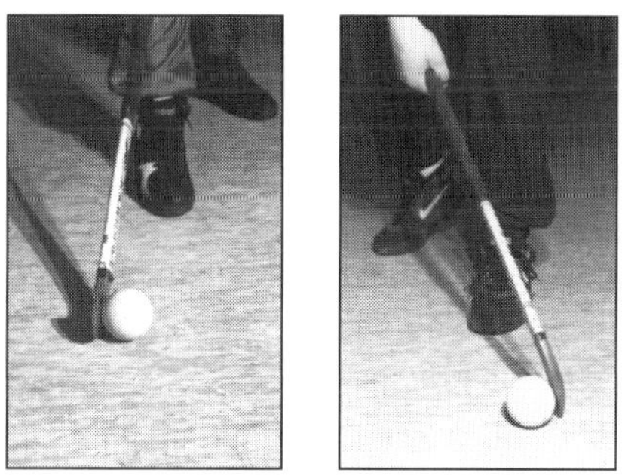

5. Fehlerbilder

Dribbling des Balles

1. Der Ball wird quer gespielt, der Ball läuft in Schlangenlinie.
2. Die linke Hand hält nicht im Drehgriff.
3. Das linke Handgelenk ist zum linken Unterarm abgeknickt; keine schnelle Drehung möglich.
4. Die rechte Hand dreht mit; der Oberkörper wird verwrungen.
5. Abbremsen des Balles durch die Rückhand.
6. Der Spieler tritt auf den Ball; fehlende Rhythmisierung.
7. Der Ball erhält nicht genug Vortrieb; der Stock trifft den Ball im oberen Drittel.
8. Der Blick ist nicht vom Ball gelöst.

6. Fehlerbilderkorrektur

Dribbling des Balles

1. Führe den Ball über eine Gerade!
2. Dein Handrücken muß nach oben zeigen!
3. Strecke dein linkes Handgelenk passiv!
4. Bilde mit der rechten Hand eine Öse; dein Oberkörper dreht sich dann auch nicht mehr mit!
5. Drehe den Stock völlig auf die Rückhand und setze die Keule weiter neben den Ball!
6. Sprich dir den Rhythmus (Vh/Rh) vor und komme langsam vom Stand über das Gehen in den Lauf!
7. Setze die Keule bewußt auf den Boden (Bodenkontakt)!
8. Dribble den Ball im eng begrenzten Raum und achte dabei auf dein Umfeld!

7. Regelausstattung

1. Auch beim Dribbling mußt du den Ball mit der flachen Stockseite spielen. (F/K/H)
2. Beim Dribbling besteht eine sehr große Gefahr, daß du den Ball mit der runden Stockseite spielst und dir ein Stockfehler unterläuft. Hockey ist kein Eishockey. (F/K/H)

8. Allgemeine Bestimmungen

Wann soll der Schiedsrichter pfeifen?

Der Schiedsrichter pfeift:

- Zu Beginn und Ende jeder Halbzeit.
- Bei Regelverstoß.
- Um einen 7-m-Ball zu beginnen und zu beenden.
- Zur Fortsetzung des Spieles nach einem 7-m-Ball, der nicht zu einem Tor geführt hat.
- Um ein Tor anzuzeigen.
- Zur Fortsetzung des Spieles, nachdem ein Tor erzielt oder verhängt worden ist.
- Um Strafecken zu verhängen.
- Um das Spiel aus irgendeinem anderen Grund (z.B. Unfall) anzuhalten.
- Um anzuzeigen, daß der Ball die Spielfeldgrenze überschritten hat, wenn dies nicht deutlich wird.

2.3.4 Vier-Offen-Tore-Spiel

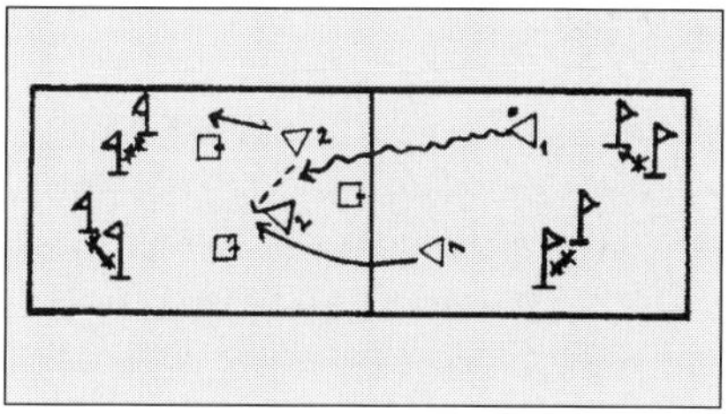

1. Spiel

Von keiner Mannschaft wird ein Überzahl- bzw. Unterzahlspiel betrieben. Jede Mannschaft spielt auf zwei Offen-Tore und muß auch zwei verteidigen. Der Ball wird im Dribbling über die Mittellinie geführt, andernfalls erhält der Gegner den Ball in seiner Spielhälfte. Ein Tor kann von jeder Seite erzielt werden. Jedoch muß zu einem weiteren Torerfolg ein anderes Tor angespielt werden, es sei denn, ein Gegner hat den Ball zwischenzeitlich berührt.

2. Taktik

a) Angriff

Wenn du den Stock schnell drehst, kannst du den Ball beim Dribbling nach vorne spielen, ohne daß dich der Gegner im Spiel stören kann! Du kannst den Ball jetzt besser kontrollieren, löse den Blick vom Ball (peripheres Sehen)! Du kannst den Gegner in seinem Abwehrverhalten genauer beobachten! Schaue nach dem freistehenden Mitspieler! Steht kein Mitspieler frei, so kannst du mit dem Dribbling schon mal den Ball in den eigenen Reihen halten!

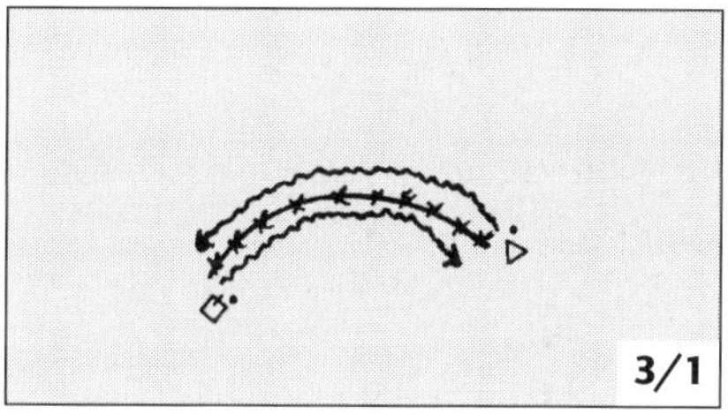

3/1

b) Abwehr

Dribble nicht im eigenen Torschußbereich, ein kleiner Fehler kann schon zu überflüssigen Torchancen des Gegners führen!

3. Technik

Festigung des Dribblings

1. Gleichzeitiges Dribbeln des Balles entlang einer Geraden/Linie/eines Kreises mit Partner auf dessen Position.

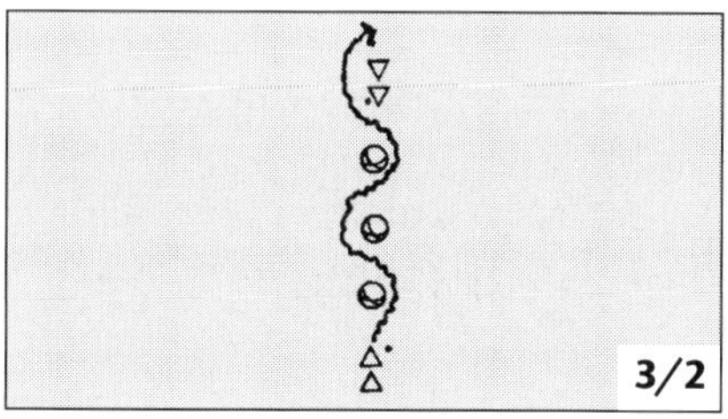

3/2

2. Slalomdribbeln durch Kegelreihe/Ballreihe/Grenzfahnenstangenreihe im Wechsel in der Gruppe.
3. Dribbeln mit gleichzeitigem doppelten bzw. vierfachen Seitenwechsel.

4. Bäumchen wechseln

Es wird ein Mal weniger eingerichtet als Spieler vorhanden sind. Der Spieler ohne Mal ruft: „Bäumchen wechseln", worauf alle Spieler mit dem Ball zu einem anderen Mal wechseln. Der Spieler ohne Mal versucht, ein freies Mal zu erreichen. Der Spieler, der kein Mal gefunden hat, kann einen erneuten Platzwechsel veranlassen usw.. *Wer findet schnell ein freies Mal?*

5. Wohnungswechsel

Jeder Spieler steht in seiner „Wohnung" und wechselt mit seinem Partner die Wohnung. Die Wohnungen sind kreisförmig um einen gemeinsamen Mittelpunkt angeordnet. Die Spieler laufen auf ein Kommando des Spielleiters gemeinsam dribbelnd durch den Kreis. *Welche Partner haben zuerst die Wohnung gewechselt, ohne den Ball zu verlieren?*

6. Tag und Nacht

Zwei Mannschaften „Tag" und „Nacht" stehen sich in einer Gassenlinie gegenüber. Jeder Spieler verfügt über einen Ball. Der Spielleiter ruft „Tag" oder „Nacht". Die aufgerufene Mannschaft muß, ohne den Ball zu führen, die fliehende Mannschaft abschlagen, während die gejagte Mannschaft den Ball über die Grenze eines abgesteckten Raumes dribbeln muß. Die flüchtenden Spieler müssen einen geraden Weg einhalten. *Wer dribbelt seinen Ball über die Grenze?*

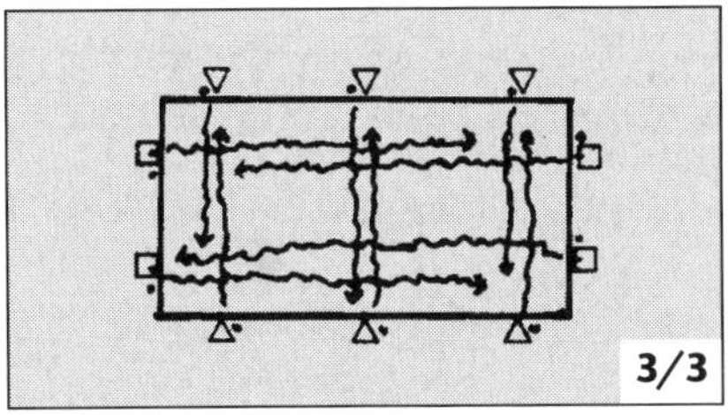

3/3

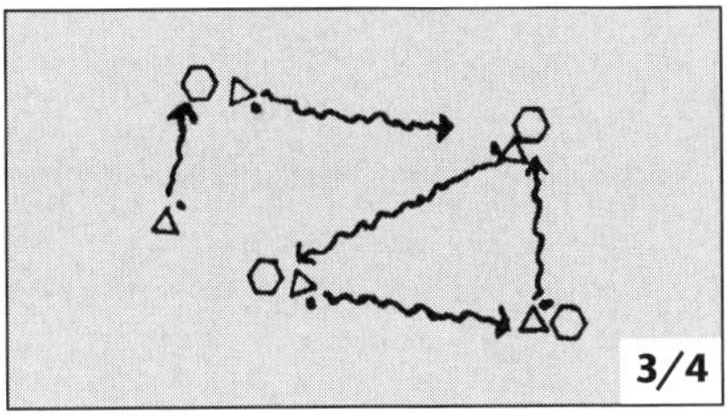

3/4

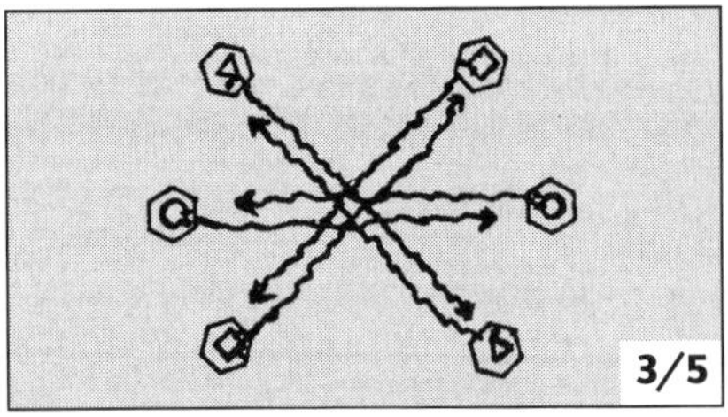

3/5

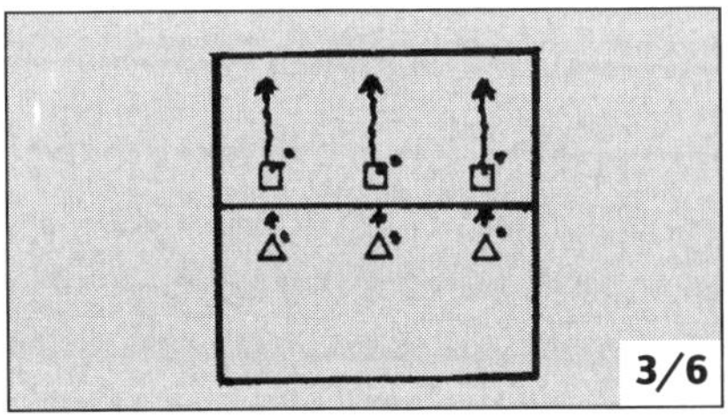

3/6

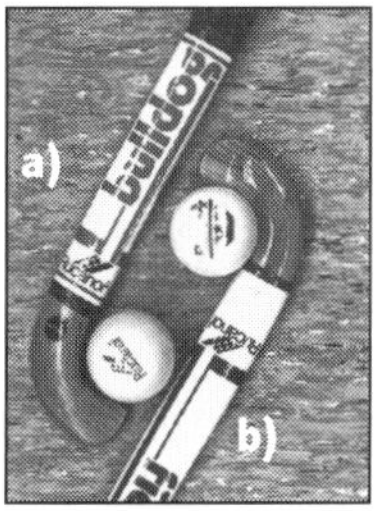

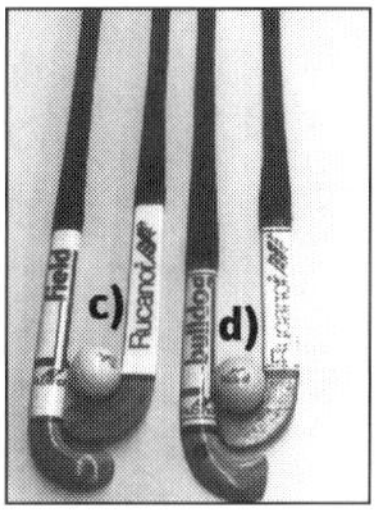

a) Hallenhockey-Stock mit abgeflachter Keule

b) Feldhockey-Stock mit verdickter Keule

c) Feldhockey-Ball mit Naht

d) Hallenhockey-Ball ohne Naht

4. Regelausstattung

1. Beachte, daß jede Einwirkung auf den Stock oder den Körper des Gegenspielers verboten ist. (F/K/H)

2. Bedenke: Hockey ist ein körperloses Spiel. (F/K/H)

3. Du darfst nicht auf den Stock deines Gegners schlagen, ihn haken, festhalten oder nach ihm stoßen. (F/K/H)

4. Du darfst aber auch nicht den Stock nach dem Ball werfen. (F/K/H)

Ausrüstung des Torwarts

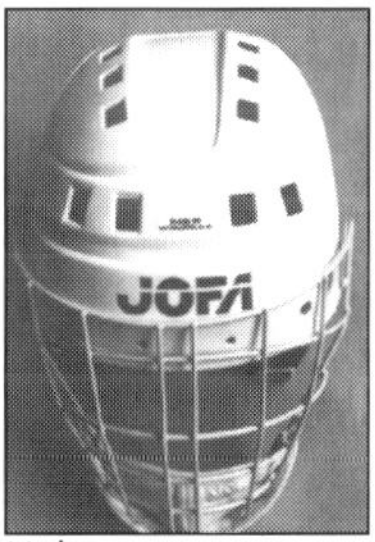

Helm

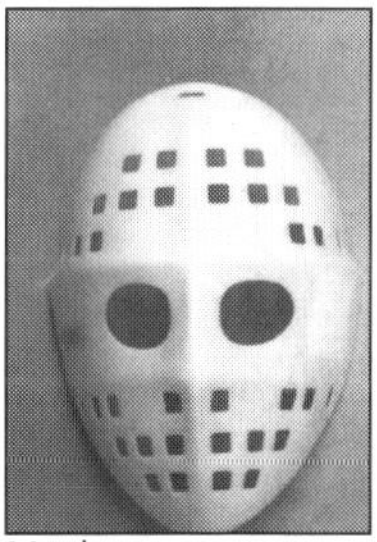
Maske

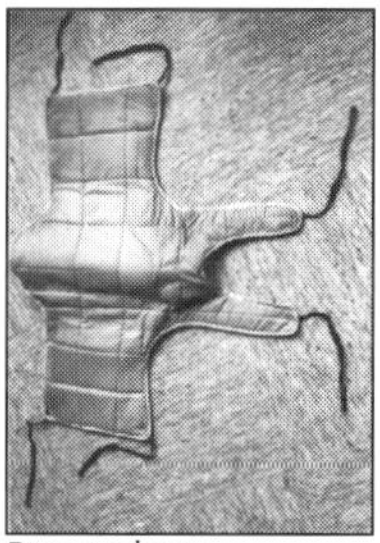
Brustschutz

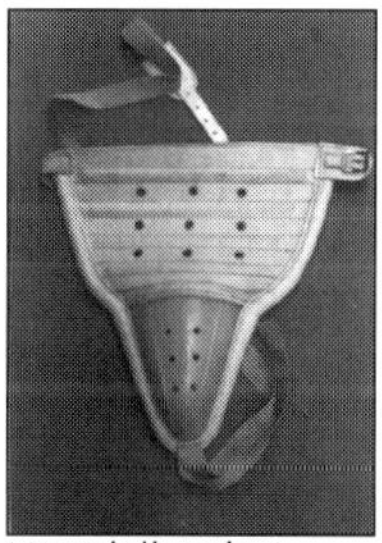
Unterleibsschutz

Handschuhe

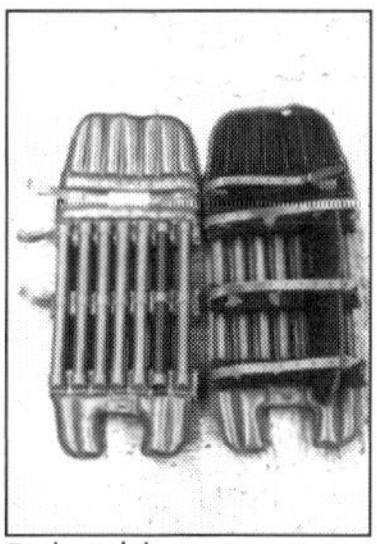
Beinschienen

Füßlinge

5. Allgemeine Bestimmungen

Schiedsrichterzeichen

1. Tor
2. 7-m-Ball
3. Strafecke
4. Ecke (nur Feldhockey)
5. Freischlag/Freischieben
6. Abstand von 5 m
7. Abschlag
8. Einschieben, Einschlagen
9. Spielzeitunterbrechung
10. Bully
11. Vorteil
12. Fußfehler
13. Behinderung
14. Gefährliches, rohes Spiel und/oder schlechtes Benehmen
15. Spielzeitbeginn/-fortsetzung
16. Hoher Ball
17. Vorverlegung des Freischlages
18. Ball bei Strafecke

7)

8)

9)

10)

11)

12)

1)

2)

13)

14)

3)

4)

15)

16)

5)

6)

17)

18)

2.4 Spielsituation 4 Spielaufbau betreiben - Spielaufbau unterbinden

2.4.1 Zeilenspiel

1. Spiel

Gespielt wird mit einer Überzahl im Angriff (3:2). Das Spielfeld wird in drei Zeilen - davon zwei schmale Freizeilen - geteilt. Die angreifende Mannschaft darf in der Freizeile nicht attackiert werden. Das soll ihr ermöglichen, ihr Spiel besser auf die Außenpositionen zu verlagern. Tore können nur aus dem Torschußbereich erzielt werden. Ein Verteidiger (x) bleibt in der gegnerischen Hälfte, um die Überzahl im Angriff zu ermöglichen. Kein fester Torwart.

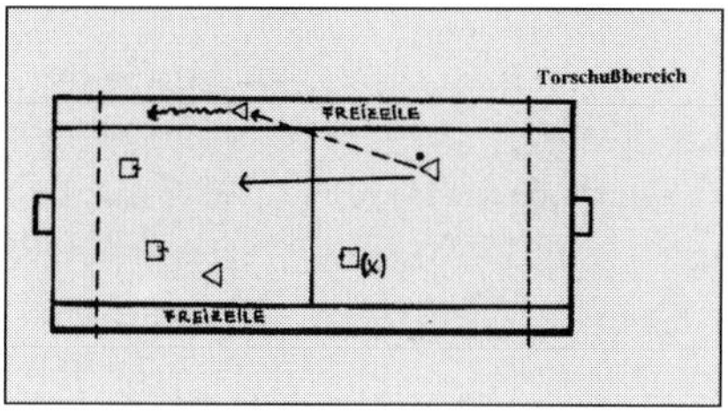

2. Taktik

a) Angriff

Wenn du einen Gegner umspielst, mußt du im Antritt schneller sein als er! Je höher dein Tempo beim Umspielen ist, um so größer muß dein Abstand zum Gegner sein; eine Tempoveränderung kann den Gegenspieler bereits täuschen! Achte vor dem Umspielen auf die übrigen Gegenspieler; sie können nach dem Umspielen eher am Ball sein als du selbst! Achte darauf, daß du beim Umspielen nicht behinderst!

b) Abwehr

Ein Angriffsspieler mit hoher Geschwindigkeit muß das Umspielen frühzeitig einleiten; so kannst du seine Absicht erkennen! Der Angreifer wird versuchen, dich zu irritieren; decke eng! Bei jedem Ballverlust - auch in des Gegners Hälfte - beginnt die Abwehr! Stören macht den Gegner unsicher; störe ihn schon in seiner Hälfte!

3. Technik

Einfaches Umspielen durch Vorbeischieben

1. Vorbeischieben bei passivem Gegner (Grenzfahnenstange/kleiner Kasten mit Hockeystock/Stuhl/Medizinball etc.) auf der Vorhand- bzw. Rückhandseite.

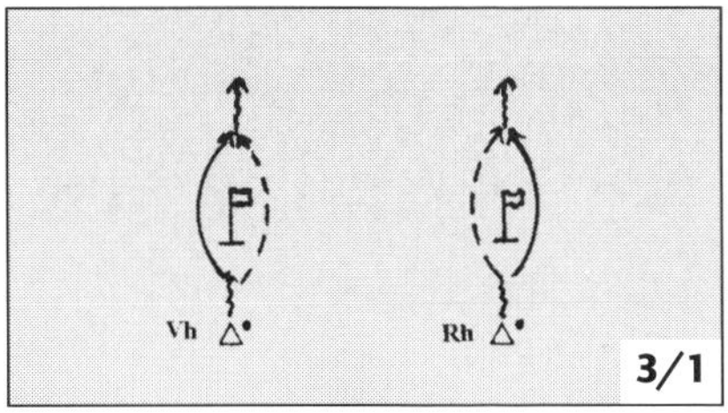

3/1

2. Vorbeischieben bei passivem Gegner mit simulierter Reichweite (durch Hockeystock/Gymnastikreifen/Kegel etc.) auf der Vorhand- bzw. Rückhandseite mit Paß zum Partner und Lauf auf neue Position.

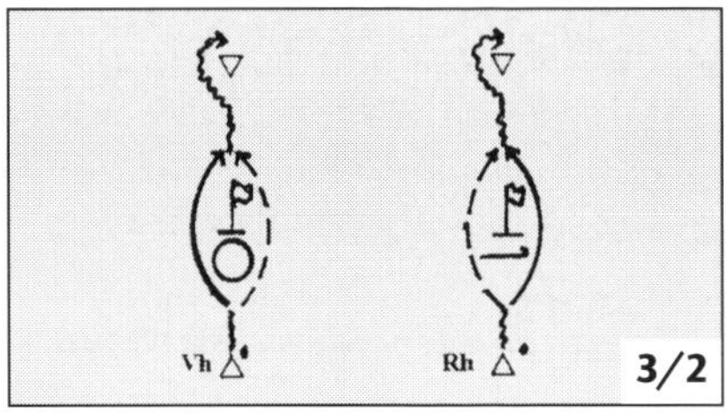

3/2

3. Vorbeischieben bei teilaktivem Gegner (mit Fuß am Medizinball/Kegel etc.) mit einem Schritt Reichweite oder/und Stockwedeln. Nach Vorbeischieben auf Vorhand- bzw. Rückhandseite Aufnahme des Balles und Torschuß, Rückkehr auf Ausgangsposition.

4. American Football

Die Angreifer versuchen, wie beim American Football, die nächste Zone zu erreichen. Der Abwehrspieler ist teilaktiv, d.h. er ist mit einem Fuß an einen Kegel o.ä. gebunden. Nach gelungenem Umspielen läuft der Angreifer zur nächsten Zone weiter. Bleibt der Abwehrspieler Sieger, stellt sich der Angreifer in der eigenen Reihe wieder an und ist erst im nächsten Durchgang spielberechtigt. Die Mannschaften tauschen nach einer bestimmten Zeit die Plätze. *Welche Mannschaft kann die meisten Umspielungen verbuchen?*

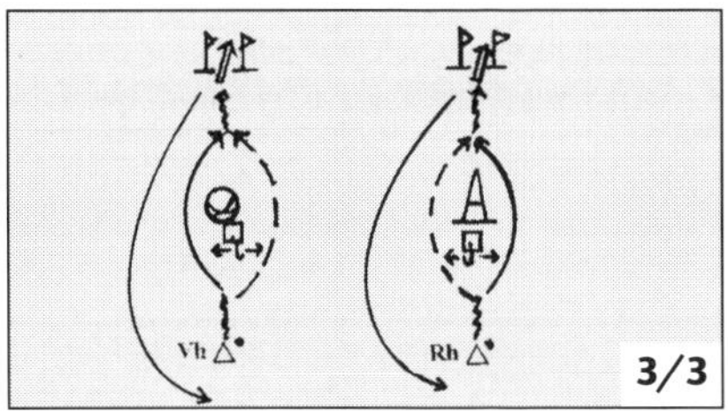

3/3

5. Hütejunge

Ein Spieler (Hütejunge) steht an der Stirnseite des Feldes; die übrigen Spieler (Schäfchen) warten auf der anderen Seite. Sie laufen auf Zuruf des Hütejungen durch das Feld auf die andere Seite. Dieser versucht, die

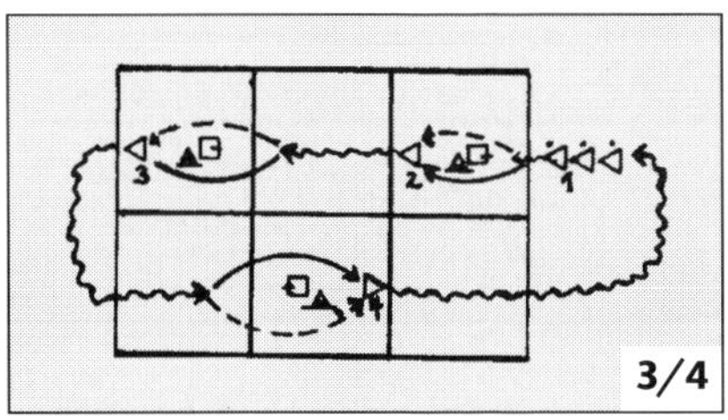

3/4

Schäfchen zu „fangen" (vom Ball zu trennen). Alle gefangenen Schäfchen nehmen wieder am Spiel teil. Nach einer vorher bestimmten Spielzeit wird der Hütejunge ausgewechselt.
Welche Schäfchen schaffen die meisten Wechsel?

6. Brückenwächter

Zwei Bänke bzw. zwei Banden dienen als Brücke, auf der sich der Brückenwächter befindet. Die Spieler stehen alle auf einer Seite der Brücke, laufen zur gleichen Zeit los und versuchen, den Brückenwächter zu umspielen, der dies verhindert; er trennt den Spieler vom Ball. Kein Spieler scheidet aus. Für jeden erfolgreichen Brückenlauf erhält der Spieler einen Punkt.
Gegen welchen Wächter werden die meisten Punkte erzielt?

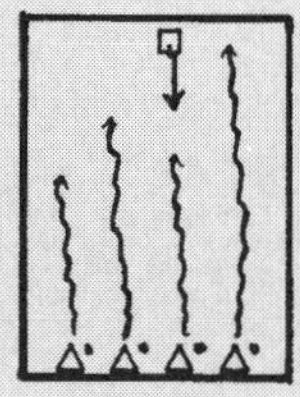

3/5

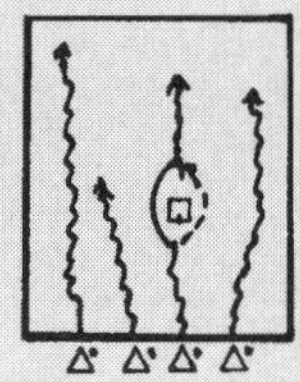

3/6

4. Bewegungsbeschreibung

a) Einfaches Umspielen auf der Rückhandseite des Gegners

1. Den Ball vorhandseitführen oder den Ball im Dribbling führen.
2. Den Blick vom Ball lösen; den Gegner beobachten.
3. Den Ball mit einem Vorhandschiebepaß auf der Rückhandseite des Gegners vorbeispielen oder zwischen Bein und Stock durchschieben.
4. Schneller Antritt und den Gegner auf dessen Vorhandseite überlaufen.
5. Den Ball sofort wieder aufnehmen (Ballkontrolle).
6. Den Ball weiterführen.

b) Einfaches Umspielen auf der Vorhandseite des Gegners

1. Den Ball vorhandseitführen oder den Ball im Dribbling führen.
2. Den Blick vom Ball lösen und den Gegner beobachten.
3. Den Ball mit der Rückhand aufnehmen.
4. Den Ball mit einem Rückhandschiebepaß auf der Vorhandseite des Gegners vorbeispielen oder zwischen Bein und Stock durchschieben.
5. Schneller Antritt und den Gegner auf dessen Rückhandseite überlaufen.
6. Den Ball sofort wieder aufnehmen (Ballkontrolle).
7. Den Ball weiterführen.

5. Fehlerbilder

Einfaches Umspielen

1. Der Blick ist nicht vom Ball gelöst.
2. Die Ballvorlage erfolgt zu früh, der Gegner erkennt die Absicht des Angreifers.
3. Das Vorbeischieben erfolgt zu spät, der Gegner kann den Ball wegspielen.
4. Der Ball wird zu nah an den Gegner herangespielt.

6. Fehlerbilderkorrektur

Einfaches Umspielen

1. Beobachte den Gegner!
2. Spiele näher an den Gegner heran, agiere blitzartig!
3. Schiebe den Ball so frühzeitig vorbei, daß du dem Abwehrwischer/Abwehrschlag des Gegners ausweichen kannst!
4. Schiebe den Ball bereits bei größerem Abstand zum Gegner an ihm vorbei!

7. Regelausstattung

1. Es ist verboten, einen Gegenspieler durch Laufen zwischen Gegenspieler und Ball zu behindern oder Körper oder Stock als Hindernis für einen Gegenspieler zu benutzen. Auch ein weiter vom Ball entfernter Spieler darf nicht behindert werden, wenn er sich freilaufen will (z. B. durch Abblocken). (F/K/H)
2. Eine komplette Körperdrehung eines ballführenden Spielers um die eigene Achse ist keine Behinderung, wenn dadurch kein Gegenspieler am Erreichen des Balles gehindert wird.
3. „Verdeckte Behinderung", „Abblocken" oder „Freisperren" liegen dann vor, wenn eine Behinderung durch einen Mitspieler des ballführenden Spielers erfolgt, um ihm den Weg frei zu machen. (F/K/H)

8. Hinweis

Ein aktives Absichern des Balles zwischen Ball und Gegner ist erlaubt.

2.4.2 Flügelspiel

1. Spiel

Es wird im Überzahlangriff gespielt (3:2). In jeder Spielhälfte stehen zwei Außentore (Grenzfahnenstangen), die nur in einer Richtung durchspielt werden dürfen und über die der Angriff auf das eigentliche Tor erfolgen muß. Tore können nur hinter den Außentoren aus dem Torschußbereich erzielt werden. Durch die Überzahl kann das Mittelfeld schnell überbrückt werden. Ein Verteidiger (x) bleibt in des Gegners Hälfte, um die Überzahl zu gewährleisten. Kein fester Torwart.

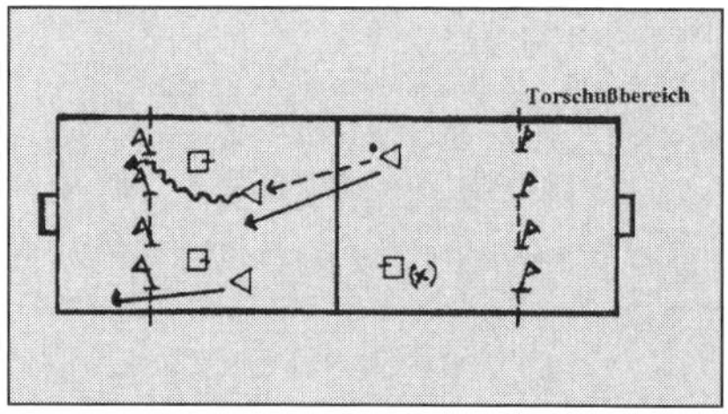

2. Taktik

a) Angriff

Bei einer Stockfinte kannst du den Ball mit dem Stock abdecken! Wende die Finte möglichst sparsam an; der Gegner stellt sich schnell darauf ein! Das Umspielen bringt dir nur einen kurzfristigen Vorteil, nutze ihn sofort aus, spiele notfalls direkt ab! Wende die Finte nur an, wenn keine Abspielmöglichkeit besteht! Wende Finten nicht bei viel langsameren Gegenspielern an; sie reagieren zu spät auf die Finte!

b) Abwehr

Greife als Abwehrspieler nicht überhastet an; du bist mittels einer Finte schnell ausspielbar! Bleibe nicht stehen, wenn du umspielt worden bist; laufe sofort hinter dem Angreifer her, um ihn in seinen Spielhandlungen zu stören! Laufe in Richtung eigenes Tor, um entstandene Lücken zu schließen, weil ein anderer Mitspieler den Angreifer übernommen hat!

3. Technik

Umspielen mit Körper- und Stockfinte

1. Umspielen eines passiven Gegners (Grenzfahnenstange u.ä.) mit Körperfinte/mit Körper- und Stockfinte auf Vorhand- bzw. Rückhandseite; Laufen auf neue Position.

2. Umspielen eines passiven Gegners mit Stockfinte/mit Stock- und Körperfinte bei simulierter Reichweite (durch Gymnastikreifen u.ä.) auf Vorhand- bzw. Rückhandseite; Laufen auf neue Ausgangsstellung.

3. Umspielen eines teilaktiven Gegners mit begrenzter Reichweite (Fuß am Kegel und Stockwedeln) auf Vorhand- bzw. Rückhandseite mit anschließendem Torschuß; Rückkehr auf alte Position.

4. Sesam öffne dich

Jeder Angreifer versucht mittels Körper- und Stockfinte alle vier Höhlen zu durchspielen. Ein gelungenes Umspielen öffnet die nächste Höhle. Gelingt die Finte nicht, tauschen Abwehrspieler und Angreifer die Plätze. Wer alle vier Höhlen durchläuft, schließt die letzte Höhle mit einem Torschuß ab und beginnt einen weiteren Durchgang. Verteidiger ist teilaktiv. *Wer kommt zum Torschuß?*

5. Seitenwechsel

Die Spieler befinden sich an der Schmalseite des Spielfeldes; ein „Fänger" im Feld. Die Spieler laufen mit dem Ball auf die andere Spielfeldseite und zurück. Der Fänger soll dies unterbinden, indem er den Ball wegspielt. Wem es gelingt, ohne Ballverlust zur Ausgangsstellung zurückzukehren, erhält einen Punkt. Der Fänger wird nach einer bestimmten Zeit ausgewechselt. *Wer erhält die meisten Punkte?*

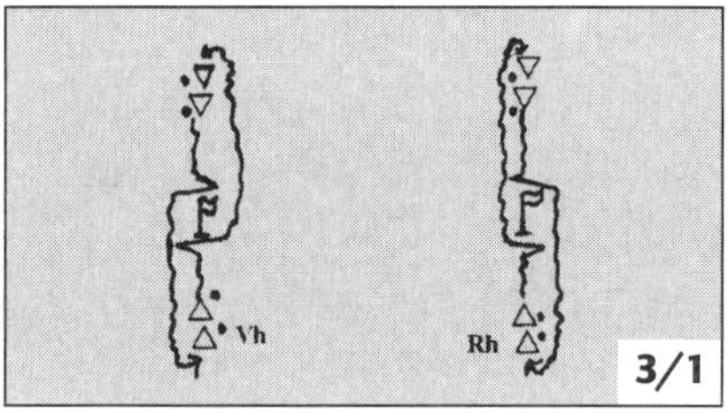

3/1

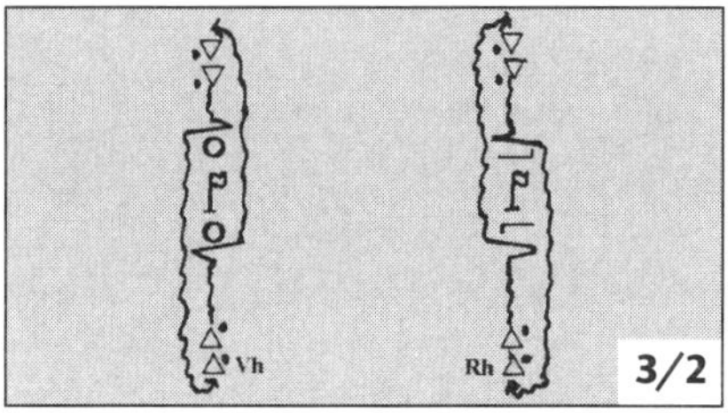

3/2

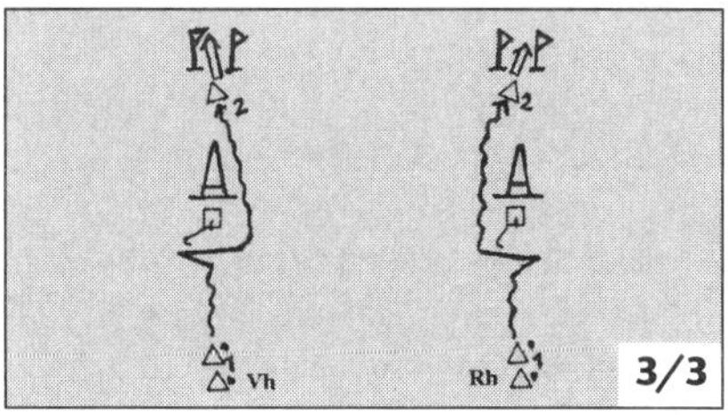

3/3

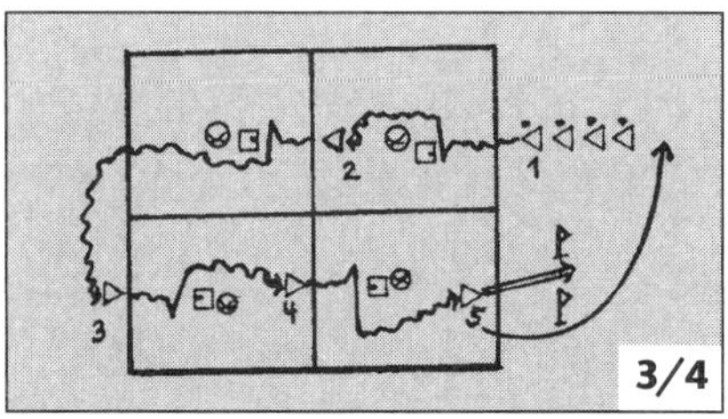

3/4

6. Schwarzer Mann

Der „Schwarze Mann" steht auf der einen Seite, die übrigen Spieler auf der anderen Seite des Spielfeldes. Die Spieler sollen mit dem Ball die andere Seite erreichen. Der „Schwarze Mann" kann das verhindern, wenn er den Spieler vom Ball trennt, der sein Helfer wird. Wer als letzter Spieler übrig bleibt, übernimmt die Funktion des „Schwarzen Mannes". *Wer wird „Schwarzer Mann"?*

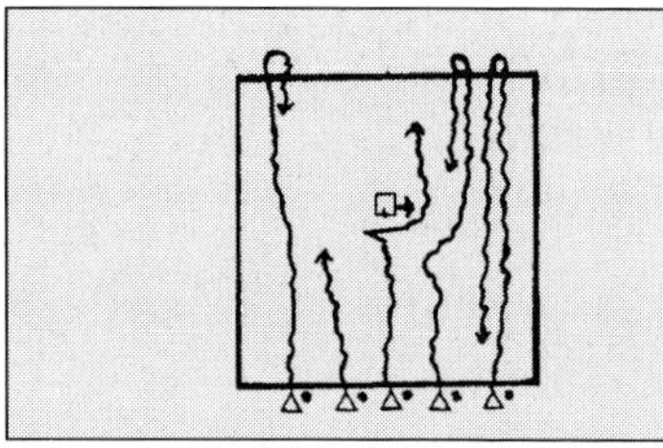

3/5

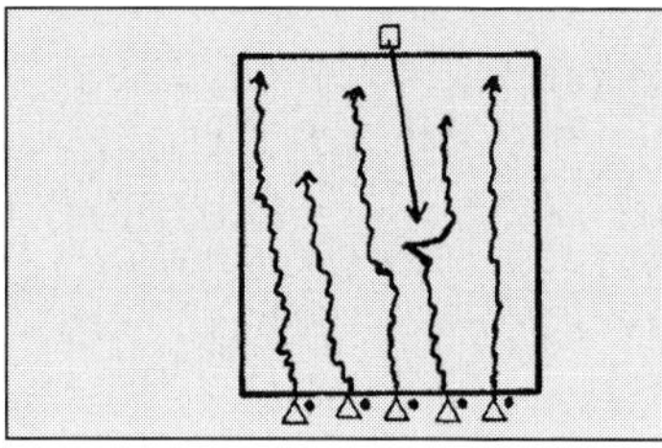

3/6

4. Bewegungsbeschreibung

a) Umspielen mit Körperfinte auf der Rückhandseite des Gegners aus dem Dribbling

1. Den Ball im Dribbling vor dem Körper führen.
2. Die Stockstellung zum Boden beträgt ca. 45°.
3. Den Stock in der Rückhandstellung links neben den Ball bringen.
4. Die Keulenspitze zeigt zum Boden, die flache Seite des Stockes zeigt nach rechts.
5. Kurzer Side-Step nach links mit kurzzeitiger Gewichtsverlagerung auf das linke Bein und Antäuschen eines Vorbeispielens auf der Vorhandseite des Gegners.
6. Kräftiges Abdrücken mit dem linken Bein und eine Gewichtsverlagerung auf das rechte Bein.
7. Gleichzeitig den Ball mit der Rückhand schräg nach vorne rechts ziehen (quer zur Laufrichtung).
8. Den Ball mit der Vorhand etwa in Höhe des rechten Fußes aufnehmen und am Gegner auf dessen Rückhandseite vorbeispielen, im Dribbling weiterführen.
9. Schnelles Vorbeilaufen am Gegner auf dessen Rückhandseite; Ausnutzen und Beenden der Körpertäuschung.

b) Umspielen mit Körper- und Stockfinte auf der Rückhandseite des Gegners aus dem Dribbling

1. Den Ball in Dribbling vor dem Körper führen.
2. Die Stockstellung zum Boden ca. 45°.
3. Den Stock aus der Vorhandstellung mit leichter Kreisbewegung auf dem Boden (Halle) bzw. dicht über dem Boden zwischen Ball und Gegner auf die linke Seite des Balles bringen; dadurch Abschirmen des Balles durch den Stock.
4. Den Stock in die Rückhandstellung bringen; die Keulenspitze zeigt nach unten, die flache Seite des Stockes nach rechts.
5. Kurzer Side-step nach links mit kurzzeitiger Gewichtsverlagerung auf das linke Bein und Antäuschen eines Vorbeispielens auf der Vorhandseite des Gegners.
6. Wie Nr. 6-9 bei Umspielen mit Körperfinte auf der Rückhandseite des Gegners aus dem Dribbling.

c) Umspielen mit Körper- und Stockfinte auf der Vorhandseite des Gegners aus dem Dribbling

1. Den Ball im Dribbling vor dem Körper führen.
2. Die Stockstellung zum Boden ca. 45°.
3. Den Stock in Vorhandstellung rechts neben den Ball bringen.
4. Die Keulenspitze zeigt nach oben, flache Seite des Stockes zeigt nach links.
5. Kurzer Side-step nach rechts mit kurzzeitiger Gewichtsverlagerung auf das rechte Bein und Antäuschen eines Vorbeispielens auf der Rückhandseite des Gegners.
6. Kräftiges Abdrücken mit dem rechten Bein und Gewichtsverlagerung auf das linke Bein.
7. Gleichzeitig den Ball mit der Vorhand schräg nach vorne links schieben (quer zur Laufrichtung).
8. Den Ball mit der Rückhand etwa in Höhe des linken Fußes aufnehmen und am Gegner auf dessen Vorhandseite vorbeispielen, im Dribbling weiterführen.
9. Schnelles Vorbeilaufen am Gegner auf dessen Vorhandseite; Ausnutzen und Beenden der Körpertäuschung.

5. Fehlerbilder

Umspielen mit Körper- und Stockfinte Vorhand aus dem Dribbling

1. Die Finte wird in zu geringem (keine Umspielmöglichkeit mehr) bzw. zu weitem (der Gegner erkennt das Vorhaben) Abstand vom Gegner eingeleitet.
2. Unausgeprägter Side-step; der Gegner reagiert nicht auf die Finte, der Angreifer läuft auf den Abwehrspieler auf.
3. Der Ball wird beim Vorhand-umspielen nicht voll mit der Rückhand gespielt.
4. Der Ball wird bei der Vorhand nicht nach vorne rechts gespielt.
5. Das Umlaufen des Gegners erfolgt zu langsam, der Abwehrspieler kann auf das Umspielen reagieren und mitlaufen.
6. Die Stockfinte erfolgt nicht über dem Boden bzw. nicht dicht genug über dem Boden; der Ball wird nicht genügend abgeschirmt bzw. nicht voll mit der Rückhand getroffen.

6. Fehlerbilderkorrektur

Umspielen mit Körper- und Stockfinte Vorhand aus dem Dribbling

1. Löse frühzeitig den Blick vom Ball, um den Gegner und den Abstand zu ihm zu kontrollieren!
2. Verlagere dein Gewicht stärker auf dein linkes (Vh) bzw. rechtes Bein (Rh); warte die Reaktion des Abwehrspielers ab!
3. Bringe die Keule weiter in die Rückhandstellung; die Keulenspitze muß zum Boden zeigen!
4. Drücke das Stockende leicht nach rechts, damit der Ball schräg aufgenommen wird!
5. Tritt stärker an und laufe blitzartiger am Gegner vorbei!
6. Führe die Keule in einer Kreisbewegung auf dem Boden; setze die Keule bewußt auf dem Boden auf!

7. Regelausstattung

1. Der Schiedsrichter kann auf Vorteil entscheiden. Er ist nicht verpflichtet, jeden Regelverstoß zu ahnden. Wenn kein Nachteil für die gegnerische Mannschaft entsteht, soll er nicht pfeifen. (F/K/H)
2. Ebenso sollte der Schiedsrichter davon absehen, eine Strafe zu verhängen, wenn er davon überzeugt ist, daß die Strafe der Mannschaft, die den Regelverstoß begangen hat, einen Vorteil verschafft. (F/K/H)

8. Hinweise

Kommentar zur Vorteilsregelung

Es ist nicht unbedingt ein Regelverstoß, wenn der Ball den Fuß oder Körper eines Spielers berührt. Nur absichtliches Spielen des Balles mit dem Fuß oder Körper oder wenn daraus ein eigener Vorteil entsteht, muß bestraft werden. Für den Schiedsrichter ist es nicht immer leicht, zu entscheiden, ob ein Verstoß absichtlich oder unabsichtlich ist.

2.4.3 Paßzone

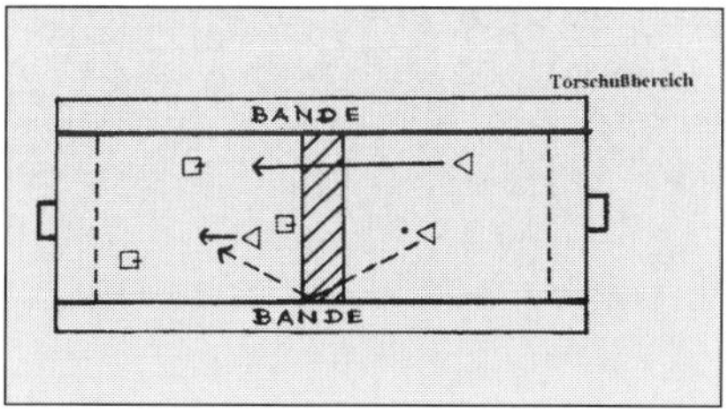

1. Spiel

Das Spielfeld wird in zwei gleichgroße Hälften und eine Paßzone eingeteilt. Die Seitenlinien sind durch Banden begrenzt. Die Paßzone darf nur mit einem direkten Paß oder einem Bandenpaß aus den beiden Hälften heraus überbrückt werden. Die Spieler dürfen die Zone betreten, jedoch keinen Ball darin berühren. Es soll ein schnelles Aufbauspiel betrieben werden. Mit Hilfe der Bande kann indirekt eine Überzahl hergestellt werden. Tore können nur aus dem Torschußbereich erzielt werden. Kein fester Torwart.

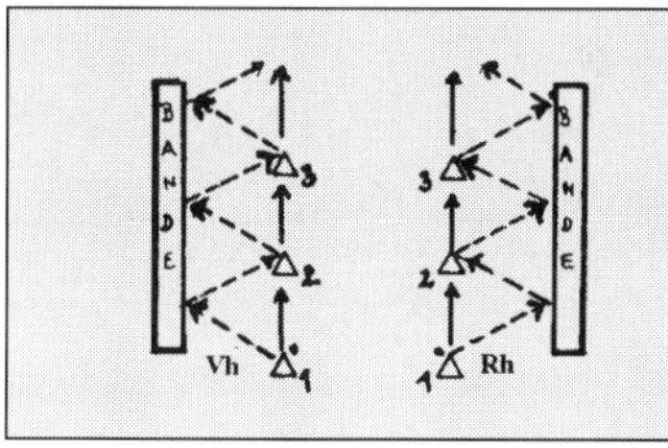

3/1

2. Taktik

a) Angriff

Beziehe auch die Bande in dein Angriffsspiel mit ein; sie ersetzt einen Mitspieler! Mit Hilfe der Bande kannst du eine Überzahl im Angriff schaffen! Spiele deinen Mitspieler über die Bande an!

b) Abwehr

Stelle dich als Abwehrspieler nicht zu weit von der Bande entfernt, dann bist du nicht leicht ausspielbar! Stelle dich so, daß du mit tiefem Stock die Bande erreichen kannst, um so den Ball effektiv zu blockieren!

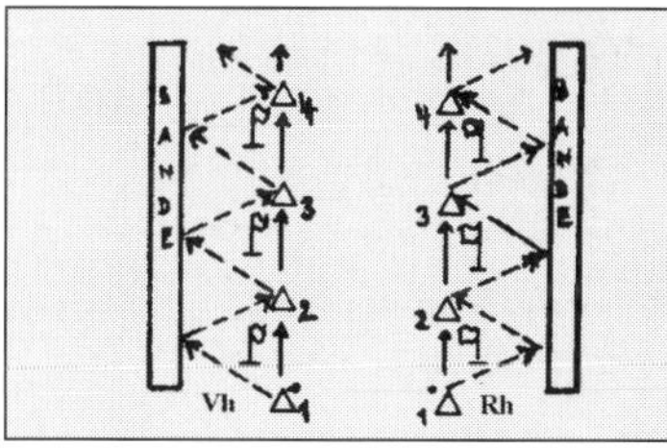

3/2

3. Technik

Umspielen mit Hilfe der Bande

1. Wiederholtes Passen gegen die Bande/gekippte Langbank mit Vorhand bzw. Rückhand.
2. Mehrmaliges Umspielen eines passiven Gegners (Grenzfahnenstange u.ä.) mit Hilfe der Bande/gekippter Langbank auf Vorhand- und Rückhandseite.

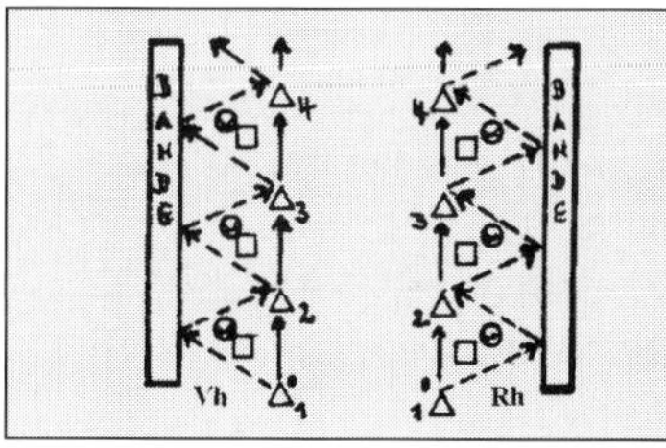

3/3

3. Mehrfaches Umspielen eines teilaktiven Gegners (schlägerwedelnd) mit Hilfe der Bande/gekippter Langbank auf dessen Vorhand- bzw. Rückhandseite.

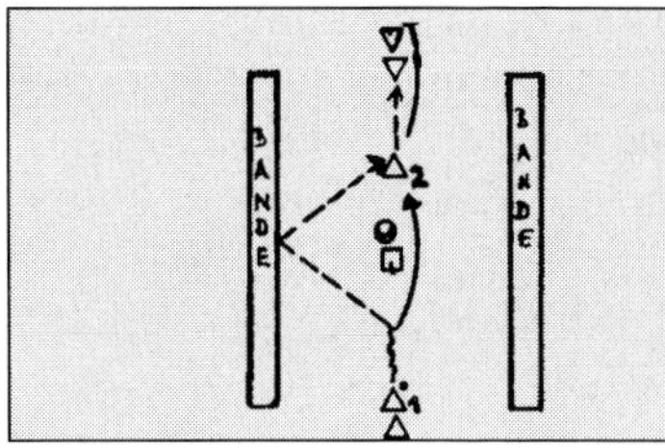

3/4

4. Pendelstaffel

In Form einer Pendelstaffel wechseln die Spieler die Seite. Der Störer in der Spielfeldmitte ist teilaktiv und muß mittels eines Bandenpasses ausgespielt werden. Gelingt dies nicht, muß sich der Spieler in seiner Reihe anstellen und einen neuen Versuch von der Ausgangsposition starten. Die Spieler müssen sowohl Vorhand- als auch Rückhandschiebepaß in 2 Durchgängen spielen. *Welche Mannschaft hat zuerst 2-4... Durchgänge beendet?*

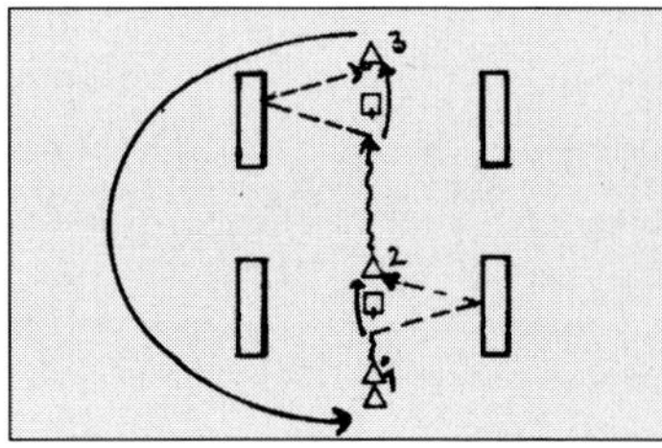
3/5

5. Doppelbrücke

Das Spiel ist vergleichbar dem „Brückenwächter" . Die Spieler sollen auf jeder Brücke mit Hilfe eines Bandenpasses - Vorhand bzw. Rückhand - den Wächter ausspielen. Wer die andere Brückenseite nicht erreicht, muß es von der Ausgangsposition erneut versuchen. Nach 1-2-3... Durchgängen wird der Wächter ausgetauscht. *Wem gelingen die meisten Brückenüberquerungen?*

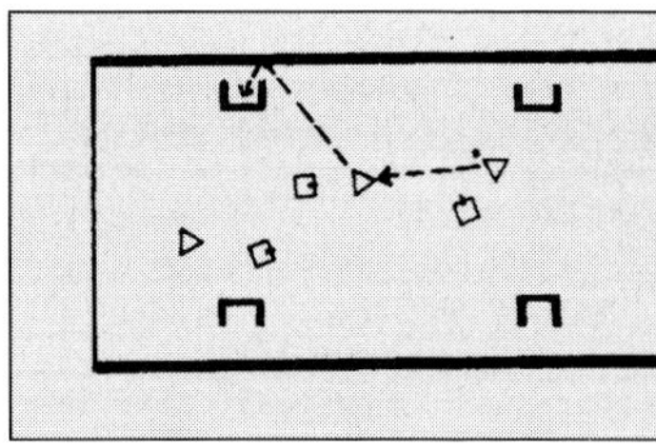
3/6

6. Bandenspiel

Jede Mannschaft versucht mit Hilfe der Bande, ein Tor zu erzielen. Gespielt wird auf zwei Tore in jeder Hälfte. Die Tore (gekippte Kastenoberteile) sind zur Bande hin offen. *Welche Mannschaft erzielt die meisten Bandentore?*

4. Bewegungsbeschreibung

a) Umspielen mit Hilfe der Bande Vorhand aus dem Dribbling

1. Den Ball im Dribbling vor dem Körper führen.
2. Die Stockneigung zum Boden beträgt ca. 45°.
3. Den Stock in Vorhandstellung rechts neben den Ball bringen; die flache Stockseite zeigt nach links.
4. Den Ball kraftvoll nach links gegen die Bande schieben (Vorhandseite des Gegners).
5. Mit kräftigem Antritt den Gegner auf seiner Rückhandseite überlaufen.
6. Von der Bande retournierenden Ball hinter dem Gegner wieder mit der Vorhand aufnehmen und im Dribbling weiterführen.

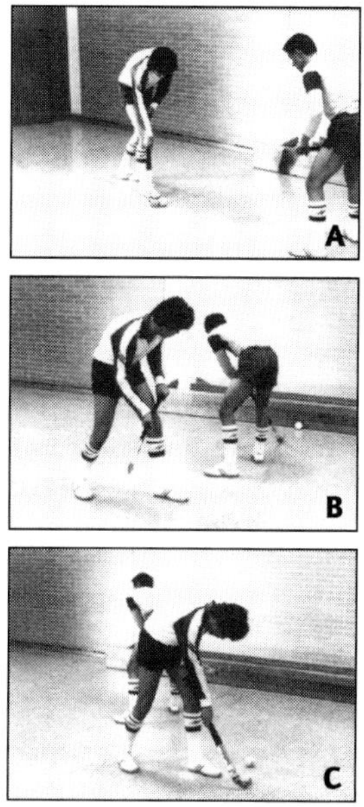

b) Umspielen mit Hilfe der Bande Rückhand aus dem Dribbling

1. Den Ball im Dribbling vor dem Körper führen.
2. Die Stockneigung zum Boden beträgt ca. 45°.
3. Den Stock in Rückhandstellung links neben den Ball bringen; die flache Stockseite zeigt nach rechts, die Keulenspitze zeigt zum Boden.
4. Den Ball kraftvoll nach rechts gegen die Bande schieben (Rückhandseite des Gegners).
5. Mit kräftigem Antritt den Gegner auf seiner Vorhandseite überlaufen.
6. Von der Bande retournierenden Ball mit der Rückhand wieder aufnehmen und im Dribbling hinter dem Gegner weiterführen.

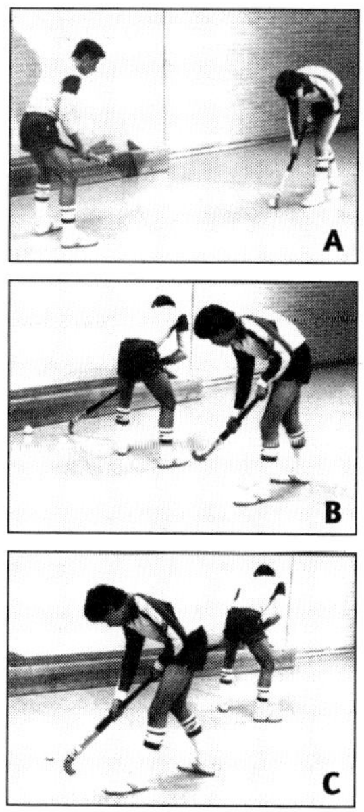

5. Fehlerbilder

Umspielen mit Hilfe der Bande

1. Der Ball wird zu nah bzw. zu weit entfernt vom Gegner gegen die Bande gespielt; der Gegner kann den Ball abfangen.
2. Der Ball trifft in zu großem Winkel auf der Bande auf; er prallt zu früh von der Bande zurück; der Gegner kann ihn abfangen.
3. Der Ball trifft in zu spitzem Winkel auf der Bande auf; er erhält einen Eigendrall und läuft in geringem Abstand zur Bande entlang weiter.
4. Der Ball kehrt nicht schnell genug von der Bande zurück.

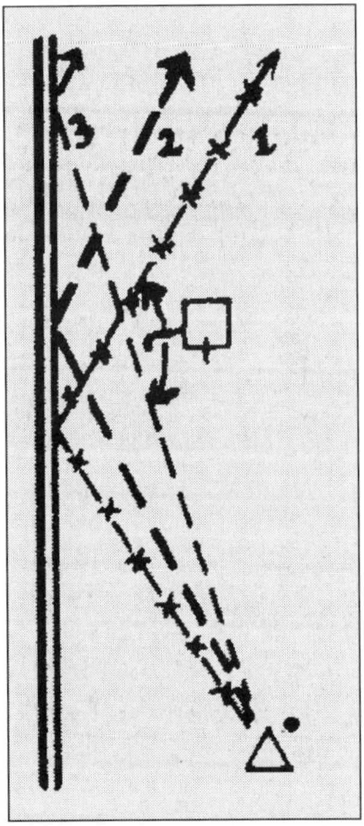

6. Fehlerbilderkorrektur

Umspielen mit Hilfe der Bande

1. Löse den Blick vom Ball, um den Gegner zu beobachten und die Entfernung zu ihm richtig einzuschätzen!
2. Verkleinere den Auftreffwinkel!
3. Vergrößere den Auftreffwinkel!
4. Schiebe kräftiger gegen die Bande; verstärke den Auftreffknall!

7. Regelausstattung

1. In der Halle ist es dir erlaubt, den Ball gegen die Bande zu spielen. (H)
2. Springt dir der Ball über die Bande ins Aus, so muß der Gegner ihn an dieser Stelle, 1m von der Bande entfernt, wieder mit Freischieben ins Spiel bringen. Springt er innerhalb des Schußkreises vom Verteidiger über die Bande, wird der Freischiebeball vor dem Schußkreis ausgeführt. (H)

8. Allgemeine Bestimmungen

Die Bande

Die seitlichen Begrenzungslinien werden im Hallenhockey durch die Seitenbanden, die 10x10 cm im Quadrat sein müssen, begrenzt. Ihre Seitenneigung zum Spielfeld beträgt etwa 1 cm = 10%.

Die Torlinien erhalten keine Begrenzungen durch Banden.

2.4.4 Drei-Zonen-Spiel

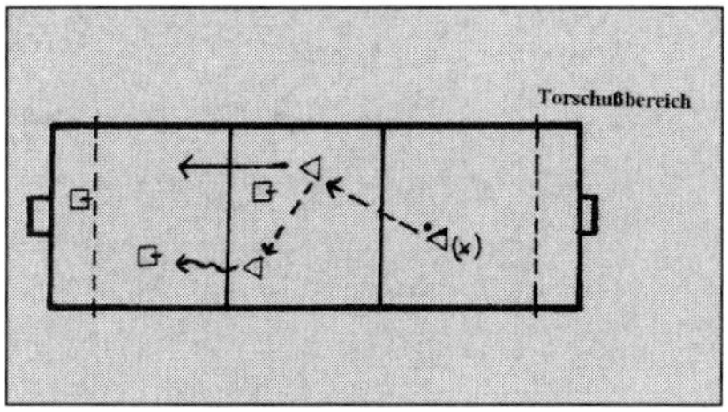

1. Spiel

Gespielt wird im Unterzahlangriff (2:3). Das Spielfeld wird in drei gleichgroße Zonen unterteilt. Ein Verteidiger (x) darf sein Verteidigungsdrittel nicht verlassen. So wird die Unterzahl im Angriff hergestellt. Die verteidigende Mannschaft erreicht ab dem mittleren Drittel eine Überzahl, um den Spielaufbau des Gegners frühzeitig zu stören. Tore können nur aus dem Torschußbereich erzielt werden. Kein fester Torwart.

2. Taktik

a) Angriff

Jeder Angriff beginnt bei der Ballkontrolle in der eigenen Hälfte! Achte darauf, daß der Raum zwischen Abwehrspieler und Bande nicht zu eng wird! (Halle) Lasse dich nicht zur Bande/Seitenauslinie abdrängen!

b) Abwehr

Du kannst mit einem Ausfallschritt die Abwehrmöglichkeiten vergrößern und plötzlich und ohne Vorbereitungen abwehren! Der Gegner kann die Abwehr erst spät erkennen! Greife entschlossen an, ein Zögern verrät dem Angreifer deine Absicht! Stelle dich immer zwischen Angreifer und eigenes Tor! Versuche, den Gegner schon bei der Ballannahme zu stören! Blockiere den Ballweg, indem du versuchst, mit dem Stock die Bande zu erreichen!

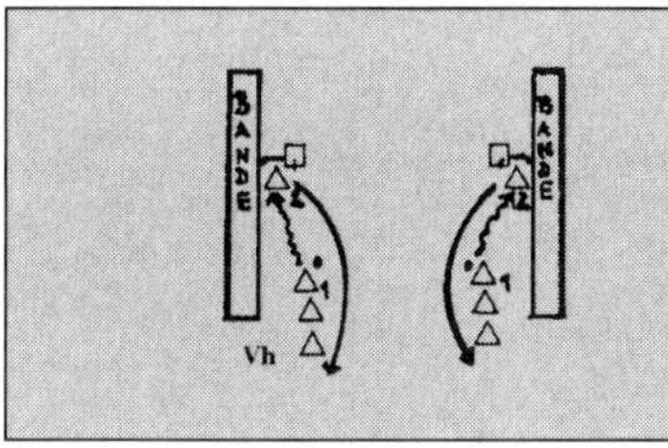

3/1

3. Technik

Einfache Abwehr mit tiefem Stock

1. Einfache Abwehr mit tiefem Stock, Ausfallschritt und Bande auf der Vorhand- bzw. Rückhandseite bei teilaktivem Abwehrspieler am Ort; Angreifer läuft auf Ausgangsposition zurück.
2. Einfache Abwehr mit tiefem Stock und Ausfallschritt auf der Vorhand- bzw. Rückhandseite

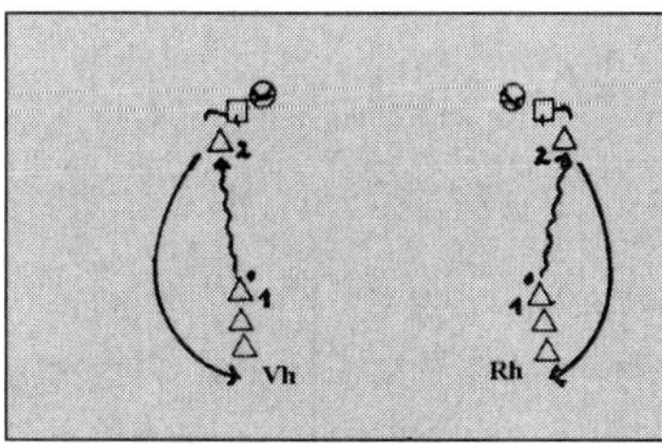

3/2

bei teilaktivem Abwehrspieler; Angreifer läuft auf ursprüngliche Position zurück.

3. Einfache Abwehr mit tiefem Stock und Ausfallschritt bei schnellem Wechsel der Verteidigungsstellung (180° Drehung); Abwehrspieler ist teilaktiv; Abwehr erfolgt auf Vorhand- bzw. Rückhandseite; Angriffsspieler laufen im Wechsel auf Verteidiger zu.

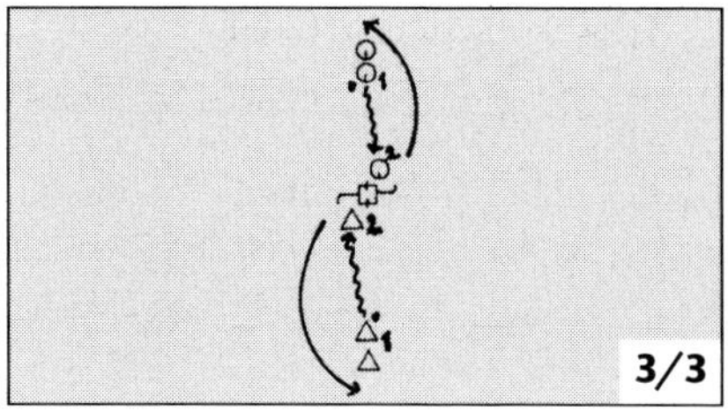

3/3

4. Krakenhöhle

Vier „Kraken" stehen in ihrer Höhle (Viereck) mit einem Fuß an einem Medizinball, den sie nicht verlassen dürfen. Die Angreifer müssen durch die Höhle. Die Kraken sollen mit einer einfachen Abwehr Vor- bzw. Rückhand den Ball erobern. Bei gelungenem Durchbruch stellt sich der Angreifer wieder in seiner Reihe an. Die Mannschaften tauschen in Abständen die Plätze. *Welche Mannschaft kann am häufigsten den Ball erobern?*

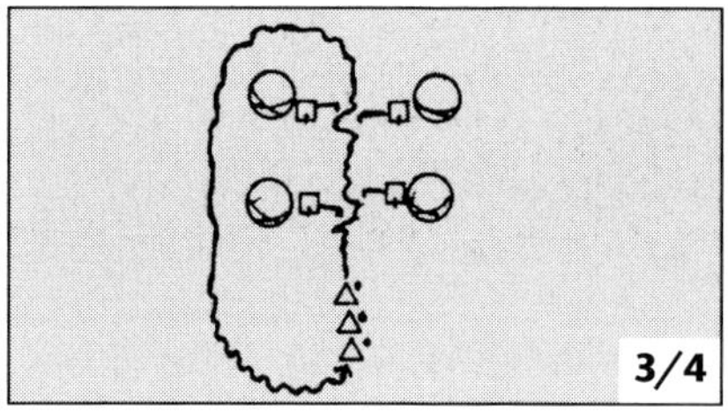

3/4

5. Schnelles Wenden

Die Spieler stehen wie abgebildet an den Seiten eines Quadrates; in der Mitte der Abwehrspieler. Die Angreifer umspielen im Viereck den Abwehrspieler in einer bestimmten Folge 1-2-3-4 oder 1-3-2-4 usw.. Der Abwehrspieler unterbindet das. Bei geglückter Abwehr kehrt der Angreifer in die Ausgangsreihe zurück; sonst stellt er sich in der gegenüberliegenden Reihe an. *Welcher Abwehrspieler kann die meisten Erfolge aufweisen?*

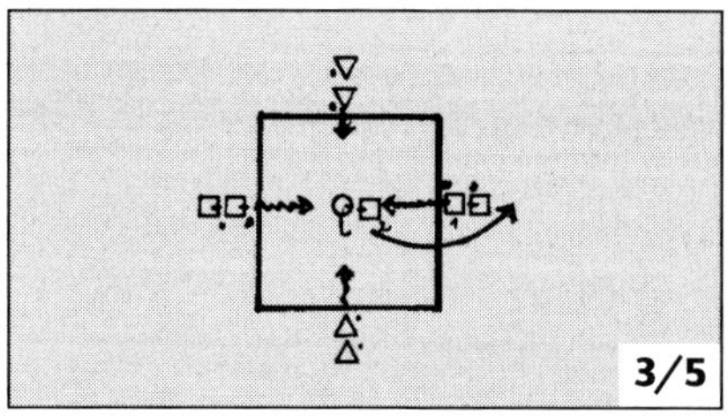

3/5

6. Befreiungsspiel

Eine Mannschaft steht im inneren Spielfeld, die andere im äußeren. Die Mannschaft des inneren Feldes muß versuchen, mit dem Ball durch das andere Spielfeld nach außen durchzubrechen, was die äußere Mannschaft verhindern muß. Jeder verlorene Ball bedeutet das Ende des Ausbruches für den einzelnen. Nach einer festgelegten Zeit wechseln die Mannschaften die Felder. *Welche Mannschaft kann die meisten Befreiungen verhindern?*

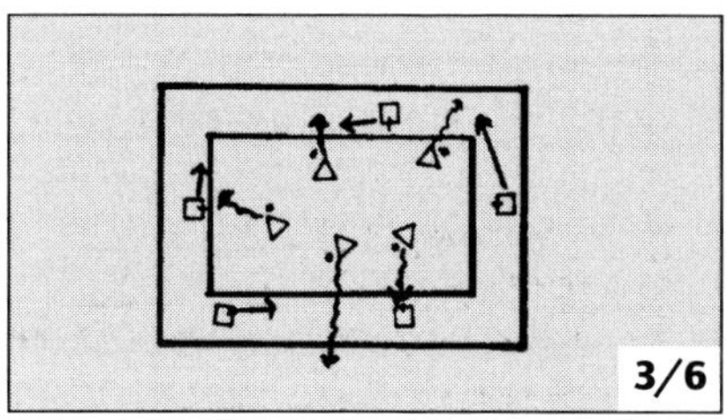

3/6

4. Bewegungsbeschreibung

a) Einfache Abwehr Vorhand mit Ausfallschritt und tiefem Stock

A

1. Der Spieler steht in leichtem Grätschstand frontal zum ballführenden Angreifer.

2. Die Knie sind leicht gebeugt; das Gewicht ruht auf dem Fußballen; leicht angewinkelte Arme.

B

3. Der Stock ist in Hüfthöhe vor dem Körper; die flache Seite des Stockes zeigt nach vorne; die Keulenspitze zeigt nach oben.

4. Die linke Hand hält im Grundgriff; die rechte Hand vom Stock lösen.

C

5. Die linke Hand hält den Stock allein; den linken Arm schnell kräftig durchdrücken.

6. Gleichzeitig Ausfallschritt des linken Beines nach vorne rechts.

7. Den Stock horizontal auf den Boden bringen und den Ball abblocken.

8. Die flache Seite des Stockes zeigt nach vorne; die Keule steht leicht schräg nach vorne **Dachbildung.**

9. Den Stock als „Wischer" bis zur Körpermitte weiterführen, um den Ball aufnehmen und weiterspielen zu können.

10. Bei unvollständiger Abwehr sofort in die Bereitschaftsstellung zurückkehren.

b) Einfache Abwehr Rückhand mit Ausfallschritt und tiefem Stock

1. Der Spieler steht in leichtem Grätschstand zum ballführenden Angreifer.
2. Die Knie sind leicht gebeugt; das Gewicht ruht auf den Fußballen, leicht angewinkelte Arme.
3. Der Stock ist in Hüfthöhe vor dem Körper; die flache Seite des Stockes zeigt nach vorne; die Keulenspitze zeigt nach oben.

4. Die linke Hand ist im Drehgriff allein am Stockende; die rechte Hand ist vom Stock gelöst.
5. Den linken Arm nach links bringen, schnell kräftig durchdrücken; den Stock in Rückhandstellung drehen.
6. Gleichzeitig Ausfallschritt des rechten Beines nach vorne links.

7. Den Stock mit der Keulenspitze nach unten auf den Boden bringen, den Ball abblocken.
8. Den Stock in Richtung des ankommenden Balles kippen; starke **Dachbildung,** damit der Ball wegen der Keulenbiegung nicht unter dem Stock durchläuft.
9. Der Stock wird als „Wischer" bis zur Körpermitte weitergeführt, um den Ball aufnehmen und weiterspielen zu können.
10. Bei unvollständiger Abwehr sofort in Bereitschaftsstellung zurückkehren.

c) Einfache Abwehr Vorhand mit Ausfallschritt, tiefem Stock und Bande

A

B

1. Der Spieler steht in leichtem Grätschstand frontal zum ballführenden Angreifer.

2. Die Knie sind leicht gebeugt; das Gewicht ruht auf dem Fußballen; leicht angewinkelte Arme.

3. Der Stock ist in Hüfthöhe vor dem Körper; die flache Seite des Stockes zeigt nach vorne; die Keulenspitze zeigt nach oben.

4. Die linke Hand hält im Grundgriff; die rechte Hand vom Stock lösen.

5. Die linke Hand hält den Stock allein; den linken Arm schnell kräftig durchdrücken.

6. Gleichzeitig Ausfallschritt eines Beines nach vorne rechts.

7. Den Stock horizontal auf den Boden und gleichzeitig an die Bande bringen, um den Ball abzublocken.

8. Die flache Seite des Stockes zeigt nach vorne; die Keule steht leicht schräg nach vorne **Dachbildung.**

9. Die Keule muß Kontakt zur Bande haben, um den Ballweg vollständig zu blockieren.

10. Den Ball aufnehmen und weiterspielen.

11. Bei unvollständiger Abwehr sofort in die Bereitschaftsstellung zurückkehren.

d) Einfache Abwehr Rückhand mit Ausfallschritt, tiefem Stock und Bande

1. Der Spieler steht in leichtem Grätschstand zum ballführenden Angreifer.
2. Die Knie sind leicht gebeugt; das Gewicht ruht auf den Fußballen, leicht angewinkelte Arme.
3. Der Stock ist in Hüfthöhe vor dem Körper; die flache Seite des Stockes zeigt nach vorne; die Keulenspitze zeigt nach oben.
4. Die linke Hand ist im Drehgriff allein am Stockende; die rechte Hand ist vom Stock gelöst.
5. Den linken Arm nach links bringen, schnell kräftig durchdrücken; den Stock in Rückhandstellung drehen.
6. Gleichzeitig Ausfallschritt des rechten Beines nach vorne links.
7. Den Stock mit der Keulenspitze nach unten auf den Boden und gleichzeitig an die Bande bringen, um den Ball abzublocken.
8. Den Stock in Richtung des ankommenden Balles kippen; starke **Dachbildung,** damit der Ball wegen der Keulenbiegung nicht unter dem Stock durchläuft.
9. Die Keule muß Kontakt zur Bande haben, um den Ballweg völlig zu blockieren.
10. Den Ball aufnehmen und weiterspielen.
11. Bei unvollständiger Abwehr sofort in Bereitschaftsstellung zurückkehren.

5. Fehlerbilder

Einfache Abwehr Vorhand/Rückhand mit Ausfallschritt, tiefem Stock und Bande

1. Der linke Arm ist nicht durchgedrückt; zu kurze Reichweite.
2. Das linke Bein steht bei der Vorhand nicht im Ausfallschritt vor.
3. Das rechte Bein steht bei der Rückhand nicht im Ausfallschritt vor.
4. Der Stock ist bei der Vorhand nach hinten gekippt; schiefe Ebene.
5. Die linke Hand hält bei der Rückhand nicht im Drehgriff, der Stock kann nicht weit genug auf die Rückhand gedreht werden.
6. Der Stock ist bei der Rückhand nicht weit genug nach vorne gedrückt; der Ball läuft unter dem Stock durch.
7. Der Stock ist bei der Vorhand und der Rückhand nicht bis auf den Boden gebracht.
8. Die Keule hat keinen Kontakt zur Bande; der Ball kann mit Hilfe der Bande vorbeigespielt werden.
9. Der Abwehrspieler läuft dem Angreifer entgegen.

6. Fehlerbilderkorrektur

Einfache Abwehr Vorhand/Rückhand mit Ausfallschritt, tiefem Stock und Bande

1. Drücke den linken Arm ganz durch!
2. Setze das linke Bein bewußt vor!
3. Bringe das rechte Bein bewußt nach vorne!
4. Bilde mit dem Stock ein Dach; kippe die Keule weiter nach vorne!
5. Drehe deinen linken Handrücken nach oben!
6. Drehe den Stock extrem weit in Richtung des ankommenden Balles!

7. Führe den Stock soweit zum Boden, bis du Bodenkontakt mit der Hand spürst!
8. Mache einen großen Ausfallschritt, um den Bandenkontakt herzustellen!
9. Erwarte als Abwehrspieler den Angreifer und beobachte ihn genau, da der Angreifer als Ballführender den Ball kontrollieren und dich als Abwehrspieler im Blickfeld haben muß!

7. Regelausstattung

1. Beim Foulspiel außerhalb des Schußkreises erhälst du einen Freischlag an der Stelle, an der das Foul an dir begangen wurde. (F/K)
2. Beim Foulspiel innerhalb des Schußkreises gegen dich als Verteidiger darfst du den Freischlag an jeder beliebigen Stelle innerhalb deines Schußkreises oder bis zu 14,63 m vor der eigenen Torauslinie und an der Stelle, an der das Foul begangen wurde, ausführen. (F/K)
3. Beim Foulspiel außerhalb des Schußkreises mußt du einen Schiebeball an der Stelle ausführen, an der der Regelverstoß an dir begangen wurde. (H)
4. Bei einem Foulspiel gegen dich innerhalb des Schußkreises darfst du als Spieler der verteidigenden Mannschaft den Freischiebepaß im eigenen Schußkreis an beliebiger Stelle ausführen. (H)
5. Beim Freischiebeball darf kein Gegner näher als 3 m zum Ball stehen. (H)
6. Ein absichtliches Foulspiel im Schußkreis führt zum 7-m.
7. Spielstrafen und persönliche Strafen können bei jedem Verstoß gleichzeitig verhängt werden.

8. Allgemeine Bestimmungen

Verwarnung - Feldverweis

Verwarnung bei ungebührlichem Verhalten (Grüne Karte).

Feldverweis auf Zeit erfolgt mit zweiter Verwarnung (Gelbe Karte).

2-5 Minuten Ausschluß vom Spiel wegen groben Foulspiels oder wiederholter Kritik am Schiedsrichter (H).

Die Zeit muß dem Zeitnehmer angesagt werden.

5-15 Minuten (F/K); die Zeit darf dem Spieler nicht mitgeteilt werden.

Feldverweis auf Dauer (Gelb-Rote Karte = 2. Gelbe Karte).

Der Spieler darf nach 10 Minuten (Erwachsene) oder 7 Minuten (Jugend) durch einen anderen Mitspieler ersetzt werden. (H)

2.4.5 Spiel auf umgedrehte Tore

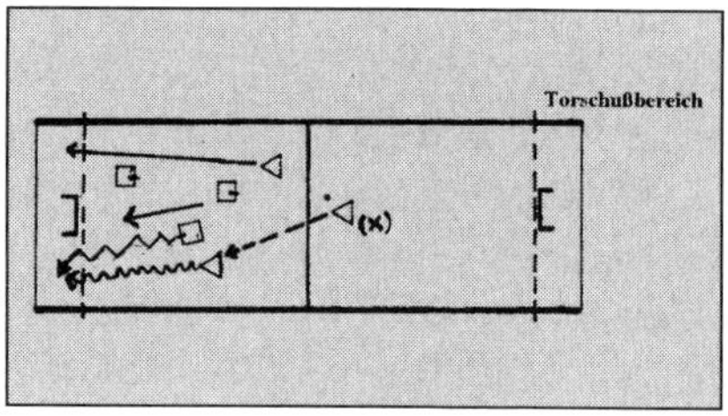

1. Spiel

Es wird mit einem Unterzahlangriff gespielt (2:3). Die Tore stehen auf der Torschußbereichslinie, jedoch mit der Öffnung zur Grundlinie. Keine Mannschaft verfügt über einen festen Torwart. Die Abwehrspieler sollen versuchen, spätestens ab der Mittellinie den Spielaufbau des Gegners zu unterbinden. Die Angreifer sollen möglichst bis zur Torlinie stürmen, um von dort ein Tor zu erzielen. Ein Angreifer (x) bleibt in der eigenen Hälfte, um die Überzahl in der Abwehr des Gegners sicherzustellen.

2. Taktik

a) Angriff

Komme der begleitenden Abwehr zuvor, indem du frühzeitig abspielst! Schaffe durch ständiges Freilaufen immer neue Anspielmöglichkeiten! Achte darauf, daß du nicht behinderst!

b) Abwehr

Greife nicht sofort ein, wenn du Zeit hast, sondern irritiere den Angreifer! Begleite den Angreifer und warte auf einen Fehler des Gegners! Warte bei der Begleitung auf den Moment, in dem der Ball nicht durch den Stock abgeschirmt wird! Gegen starke Dribbler ist die begleitende Abwehr die beste Abwehrmaßnahme! Spiele den Ball von innen nach außen (vom Tor weg)! Dränge den Gegner in eine ungünstige Schußposition zum Tor (Seitenlinie)!

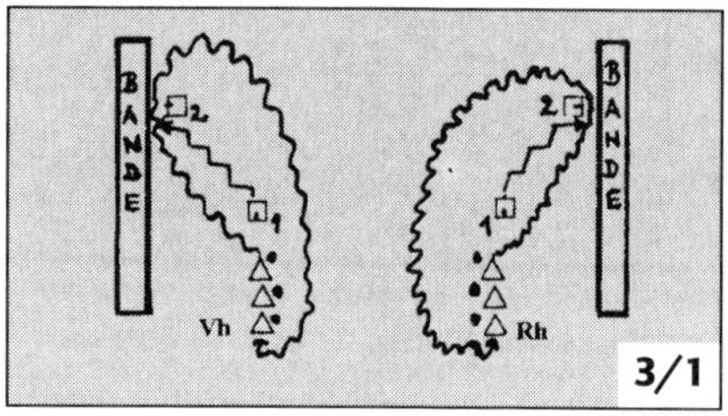

3/1

3. Technik

Begleitende Abwehr

1. Einfaches Begleiten des Angreifers durch den Abwehrspieler mit angedeutetem Stockeinsatz auf der Vor- bzw. Rückhandseite; Rückkehr auf die Ausgangsstellung.

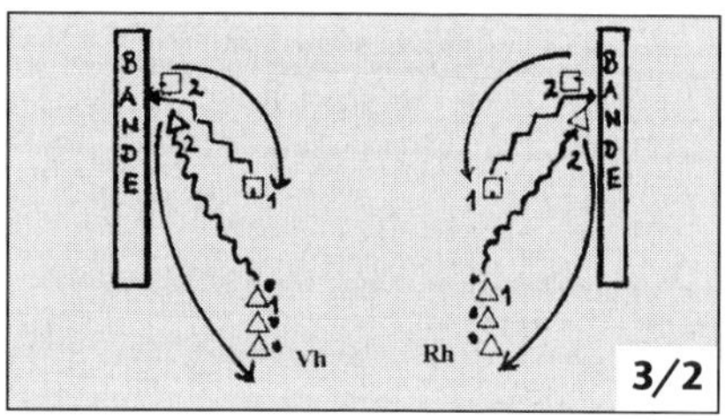

3/2

2. Einfaches Begleiten des Angreifers und Abwehr mit Vorhand- bzw. Rückhandstockeinsatz an der Bande; Rückkehren auf alte Position.
3. Begleitende Abwehr durch Vorhand- und Rückhandstockeinsatz in begrenztem Raum; Rücklaufen auf ursprüngliche Position.

4. Schwitzkasten

In jedem Kasten steht ein Abwehrspieler. Er soll verhindern, daß ein Angreifer mit dem Ball durch seinen Kasten zum nächsten gelangt. Der Angreifer soll alle Kästen durchqueren. Gelingt es einem Abwehrspieler, den Lauf durch seinen Kasten zu unterbinden, nimmt der Angreifer vor dem nächsten Kasten einen weiteren Ball auf und spielt mit ihm weiter. Platzwechsel! *Welche Mannschaft verteidigt am besten ihre Schwitzkästen?*

5. Monatsfangen

Die Spieler stehen an der schmalen Seite des Spielfeldes; der Abwehrspieler noch vor der Mittellinie von den Spielern aus gesehen. Er ruft einen Monatsnamen. Die Spieler, die in diesem Monat geboren sind, wechseln die Seiten. Der Abwehrspieler versucht, sie vom Ball zu trennen. Da immer nur wenige Spieler laufen, bietet sich die begleitende Abwehr an. *Welcher Abwehrspieler kann die meisten Bälle erobern?*

6. Ballraub

In einem Spielfeld sind die Ecken als Safe markiert. Zwei Mannschaften rauben sich gegenseitig die Bälle, um sie zu ihrem Safe zu bringen; zuzüglich verhindern sie den Raub ihrer Bälle. Jeder Spieler hat freien Zugang zum Safe der gegnerischen Partei. Auf dem Rückweg soll ihm der Ball weggespielt werden und unter Kontrolle des Verteidigers gelangen, der ihn zurückdribbelt. *Welche Mannschaft verliert die wenigsten Bälle?*

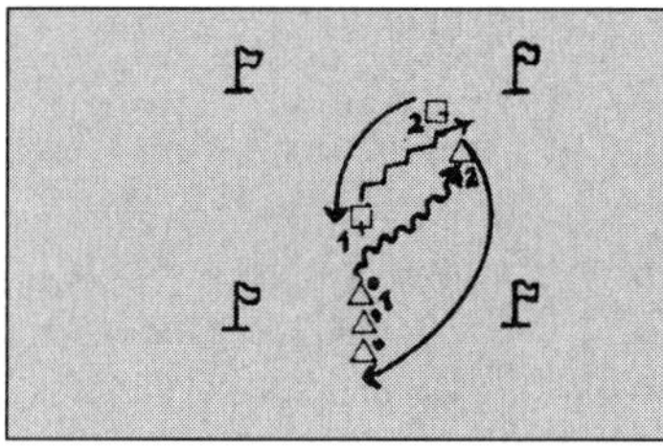

3/3

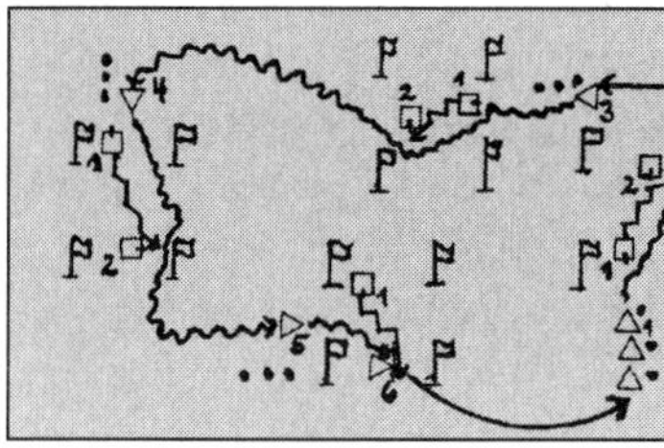

3/4

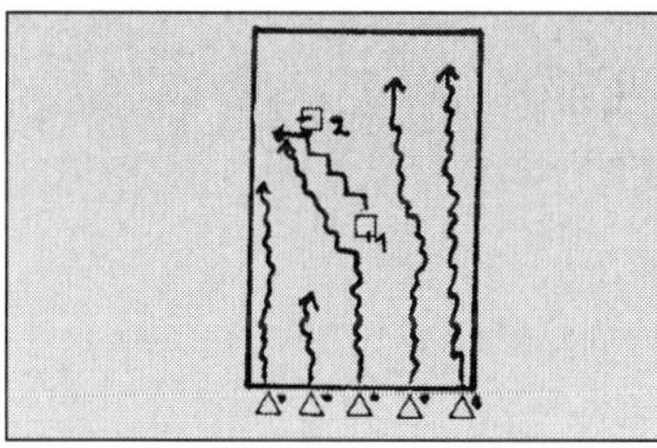

3/5

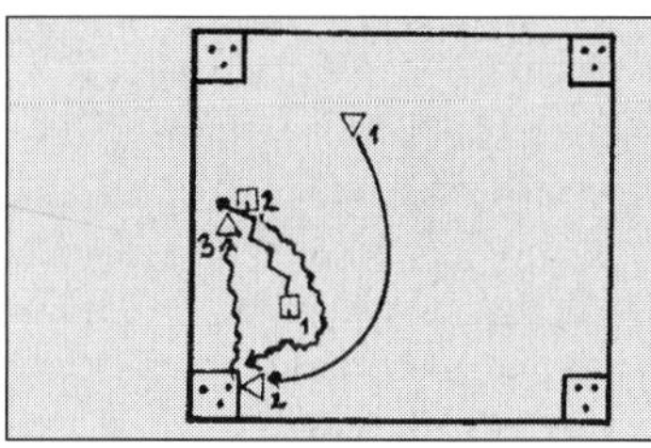

3/6

4. Bewegungsbeschreibung

a) Begleitende Abwehr - Vorhand

1. Der Verteidiger steht frontal in Grätschstellung zum Angreifer; die Knie sind leicht gebeugt; das Gewicht liegt auf den Fußballen.
2. Die Arme sind angewinkelt; der Stock ist in Hüfthöhe; die flache Seite zeigt nach vorne; die Keulenspitze zeigt nach oben.
3. Das rechte Bein zurücknehmen; die linke Hand ist am Stockende; die rechte Hand vom Stock lösen.
4. Die linke Schulter zeigt in Richtung des ankommenden Gegners; den Stock seitwärts hinten haltend.
5. Begleitend seitwärts rückwärts mitlaufen; auf eine Eingriffsmöglichkeit warten; gleichzeitig den Stock vor den Körper bringen.
6. Den Angreifer mit der Vorhand auf der Seite attackieren, auf der dieser den Ball führt; den Angreifer leicht überholen.
7. Den Ball angreifen, wenn er kurzzeitig nicht abgeschirmt ist.
8. Die rechte Hand greift den Stock wie beim Vorhandstoppen.
9. Schneller Ausfallschritt nach vorne; linker Fuß vor.
10. Beide Knie beugen.
11. Das Gewicht auf das vordere Bein verlagern.
12. Den Oberkörper beugen.
13. Den Stock auf den Boden als „Brett" legen; **Dachbildung.**
14. Den Ball mit der gesamten Stocklänge anhalten.
15. Nach der Balleroberung den Ball kontrollieren und weiterspielen.

b) Begleitende Abwehr - Rückhand

1. Der Verteidiger steht frontal in Grätschstellung zum Angreifer; die Knie sind leicht gebeugt; das Gewicht ruht auf den Fußballen.
2. Die Arme sind angewinkelt; der Stock wird in Hüfthöhe gehalten; die flache Seite zeigt nach vorne, die Keulenspitze weist nach oben.
3. Das linke Bein zurücknehmen; beide Hände sind am Stock.
4. Der Verteidiger erwartet den Angreifer mit rechter Schulter in Richtung des ankommenden Gegners.
5. Begleitend rückwärts seitwärts mitlaufen; auf eine Eingriffsmöglichkeit warten, den Angreifer leicht überholen.
6. Die rechte Hand vom Stock lösen; die linke Hand ist im Drehgriff am Stockende.
7. Den Stock vor dem Körper in die Rückhandstellung bringen; die Keulenspitze zeigt zum Boden.
8. Den Ball mit der Rückhand angreifen; der Ball wird vom Angreifer auf seiner rechten Seite geführt.
9. Den Moment abpassen, in dem der Ball vom Angreifer ungeschützt gespielt wird.
10. Die rechte Hand greift den Stock wie beim Rückhandstoppen.
11. Schneller Ausfallschritt nach vorne; den rechten Fuß vor.
12. Beide Knie beugen.
13. Das Gewicht auf das vordere Bein verlagern.
14. Den Oberkörper beugen.
15. Beide Arme strecken.
16. Den Stock auf den Boden als „Brett" legen; **Dachbildung.**
17. Den Ball mit der gesamten Stocklänge anhalten.
18. Nach der Balleroberung den Ball kontrollieren und weiterspielen.

5. Fehlerbilder

Begleitende Abwehr – Vorhand/Rückhand

1. Der Verteidiger läuft dem Angreifer entgegen, er kann ausgespielt werden.
2. Der Verteidiger wartet bei der Begleitung nicht auf seine Chance, er greift überhastet an.
3. Der Verteidiger löst die rechte Hand nicht vom Stock.
4. Bei der Abwehr ist das falsche Bein vorne: bei der Vorhand rechtes; bei der Rückhand linkes.
5. Der Ball läuft unter dem Stock durch.
6. Bei der Rückhandabwehr läuft der Ball unter der Keule durch.
7. Das Gewicht liegt nicht auf dem vorderen Bein; mangelnder Stemmschritt, fehlender Druck auf den Stock.
8. Nach der Trennung des Angreifers vom Ball begeht der Verteidiger eine Behinderung.

6. Fehlerbilderkorrektur

Begleitende Abwehr – Vorhand/Rückhand

1. Erwarte in Ruhe den Angreifer!
2. Laufe mit, begleite ohne sofortigen Angriff auf den Ball!
3. Nur deine linke Hand faßt bei der Abwehr das Stockende!
4. Bringe immer dem Angreifer das zugewandte Bein nach vorne; Vorhand linkes; Rückhand rechtes!
5. Drücke den Stock wie ein „Brett" fest auf den Boden!
6. Bilde ein stärkeres Dach!
7. Verlagere dein Gewicht bewußt auf das vordere Bein!
8. Beachte deine Stellung zum Ball und Angreifer; der Ball muß für den Angreifer und dich immer spielbar bleiben!

7. Regelausstattung

Du darfst einen Gegner von der linken Seite angreifen, vorausgesetzt, daß du den Ball spielst, ohne dabei den Stock oder den Körper des Gegenspielers zu behindern. (F/K/H)

8. Hinweise

Unsportliches Verhalten

Gegen Trainer und Betreuer, die durch unsportliches Verhalten das Spiel beeinflussen, kann der Schiedsrichter Maßnahmen ergreifen, die einen sportlichen Spielablauf ermöglichen.

Wird ein Spieler während des Turniers auf Dauer vom Platz gestellt, so darf er in diesem Turnier auch nicht als Schiedsrichter fungieren.

2.4.6 Nummernspiel mit Torschuß

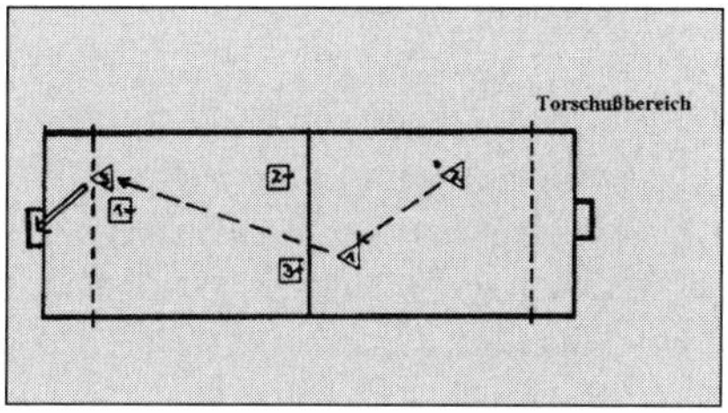

1. Spiel

Die Spieler jeder Mannschaft besitzen fortlaufende Nummern. Nach einer ohne Wissen des Gegners vorher vereinbarten Reihenfolge muß jeder Spieler ein Tor erzielen. Der Spielleiter erhält die Reihenfolge. Jede Mannschaft muß ihren Spieler so lange freispielen, bis er ein Tor erzielt hat. Die Tore werden aus einem Torschußbereich erzielt. Gespielt wird ohne festen Torhüter.

2. Taktik

a) Angriff

Variiere deine Pässe; der Gegner stellt sich schnell auf gleiches Paßspiel ein! Beachte beim Paßspiel die Stellung des Gegners zu deinem Mitspieler; danach richte die Paßwahl aus! Spiele den Paß zu dem am günstigsten postierten Mitspieler! Suche die Außenspieler mit langen Pässen ins Spiel zu bringen! Beachte beim Paßspiel die Platzverhältnisse!(F) Spiele auch indirekte Pässe über die Bande (H)!

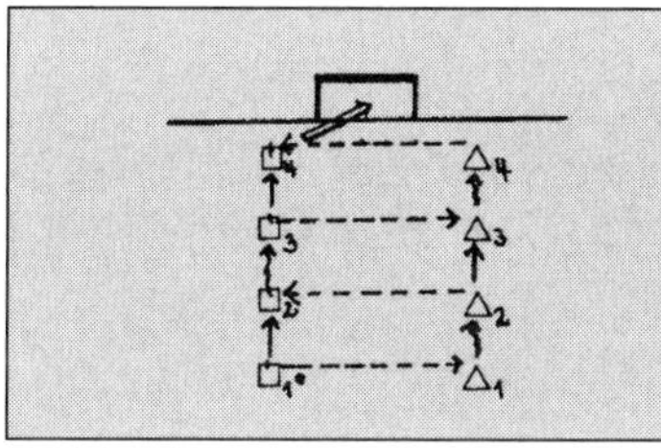

3/1

b) Abwehr

Ziehe die Möglichkeit verschiedener Pässe (Quer-/Schräg-/Steilpaß) in Betracht! Bei ungenauem Paßspiel des Gegners kannst du als Abwehrspieler leicht stören! Aus der Abwehr kannst du das ganze Spielgeschehen besser beobachten; achte besonders auf Steilpässe bzw. Pässe in den freien Raum! Vermeide Querpässe vor dem eigenen Tor und Rückpässe zum eigenen Torwart!

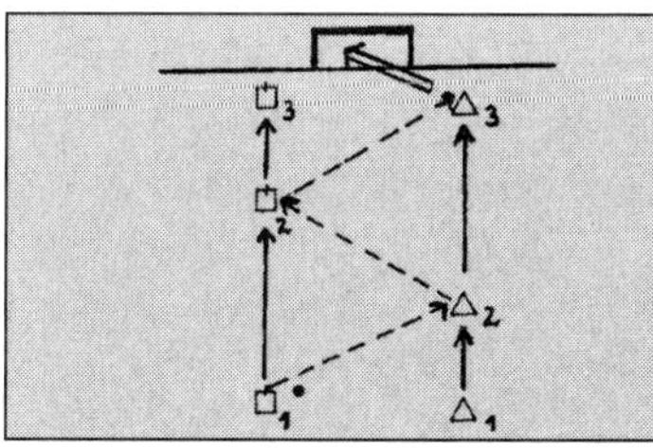

3/2

3. Technik

Paßvarianten mit Torschuß

1. Vorhand- und Rückhandquerpaß mit Aufnahme (Überlaufen der Vorhand bzw. Rückhandaufnahme), Dribbling und Torschuß; Wechsel der Seiten.

2. Vorhand- und Rückhandschrägpaß mit Aufnahme, Dribbling und Torschuß; Schrägpaß auch als Direktpaß.

3. Steilpaß mit Torschuß.

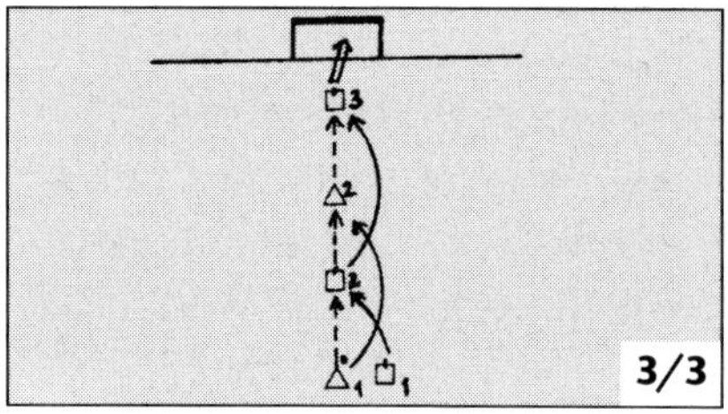

3/3

4. Nummernpassen mit Hindernissen

Das Spielfeld wird in zwei gleichgroße Spielhälften unterteilt. In jeder Hälfte befinden sich die gleiche Anzahl Spieler und Hindernisse. Die Spieler, die je eine bestimmte Nummer haben, passen sich den Ball in einer festgelegten Nummernfolge zu. Jeder Spieler ist ständig in Bewegung. *Welche Mannschaft hat zuerst 1-2-3... Durchgänge beendet?*

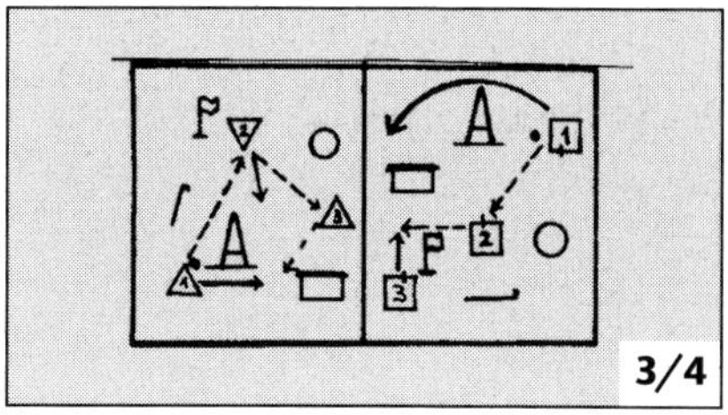

3/4

5. Nummernpassen mit Störer

Jedem Spieler wird eine bestimmte Nummer zugeordnet. Alle Spieler bewegen sich zwanglos auf dem Feld. In einer vorher festgelegten Nummernfolge wird jeder einzelne angespielt. Der Störer, der die Folge nicht kennt, versucht dies zu unterbinden. Ist er erfolgreich, wechselt er mit dem Spieler, der den letzten Paß gespielt hat, die Nummer. *Wessen Paß kommt immer an?*

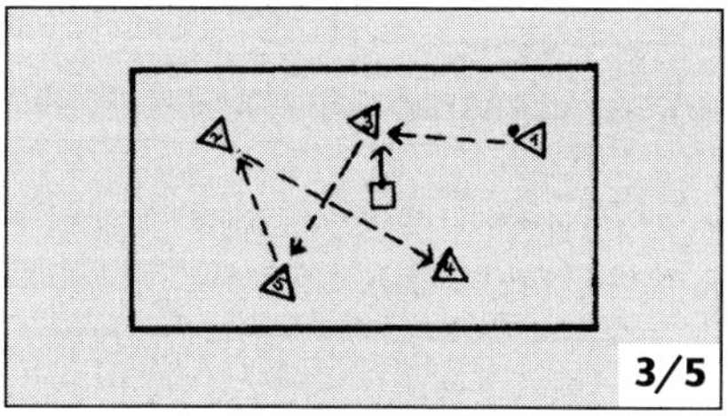

3/5

6. Niemandsland

Das Spielfeld ist wie abgebildet in drei Zonen unterteilt. Zwei Angreifer und ein Verteidiger stehen sich in der ersten Zone gegenüber. Der ballführende Spieler schiebt einen Steilpaß in die dritte Zone. Der zweite Angreifer versucht, den Paß zu erlaufen. Der Verteidiger darf im Niemandsland (2. Zone) nicht attackieren. In Zone drei erfolgt die Abwehr bzw. der Torschuß. *Welche Angreifer können die meisten Steilpässe abschließen?*

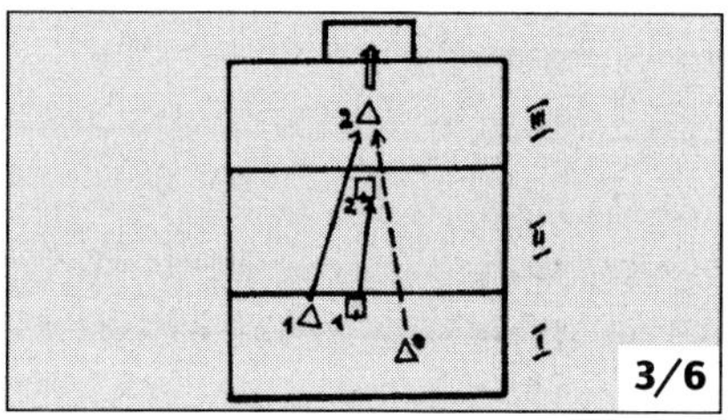

3/6

4. Bewegungsbeschreibung

Querpaß/Schrägpaß/Steilpaß

1. Querpaß: Spiel zum Mitspieler, der sich etwa auf gleicher Höhe im Spiel befindet.
2. Schrägpaß: Spiel in den Lauf des Mitspielers.
3. Steilpaß: Spiel des Balles auf dem kürzesten Weg zum Tor; der Angreifer muß schnell sein, um den Ball zu erlaufen; der Ball muß im Tempo gut abgestimmt sein.

5. Fehlerbilder

Querpaß/Schrägpaß/Steilpaß

1. Der Ball läuft in den Rücken des Mitspielers, weil der Mitspieler sich in der Vorwärtsbewegung befindet.
2. Der Ball ist für den Mitspieler nicht erreichbar.
3. Der Ball läuft nicht steil genug; kein Steil-, sondern Schrägpaß.
4. Der Gegner erläuft den Paß.

6. Fehlerbilderkorrektur

Querpaß/Schrägpaß/Steilpaß

1. Spiele den Ball schräg nach vorne in den Lauf des Mitspielers; bedenke, daß dein Mitspieler sich im Lauf nach vorne befindet!
2. Dosiere die Ballgeschwindigkeit genauer; richte dich nach dem Tempovermögen deines Mitspielers!
3. Spiele den Ball auf dem kürzesten Weg zum Tor!
4. Beobachte zunächst die Position des Gegners, bevor du einen Paß spielst; passe notfalls kräftiger!

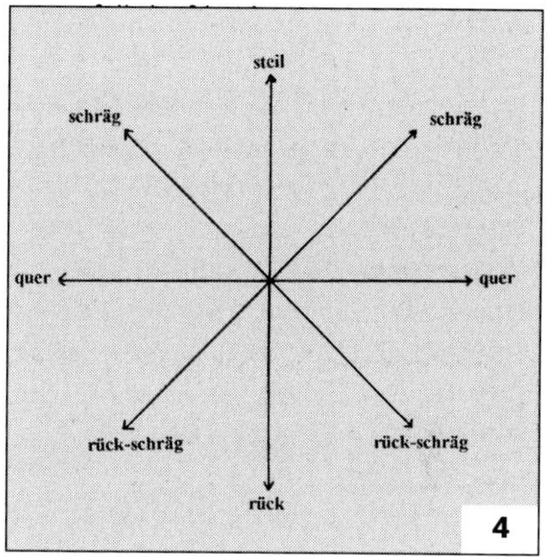

Laufrichtung des Balles beim Paß

7. Regelausstattung

1. Es gibt im Feldhockey, im Kleinfeldhockey und in der Halle **kein** Abseits.

2.5 Spielsituation 5 Regelgerechtes Spiel - Angreifen - Abwehren

2.5.1 Spiel mit Schußkreis ohne Torwart

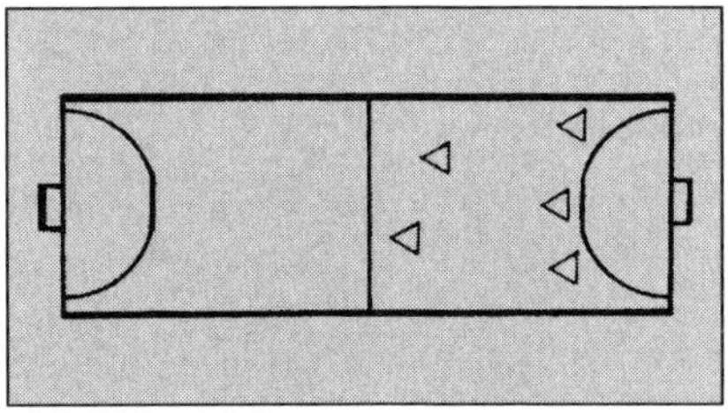

Kleinfeld 3:2-System

1. Spiel

Es wird erstmals auf dem Feld mit Schußkreis gespielt. Tore dürfen nur aus dem Schußkreis heraus erzielt werden. Keine Mannschaft verfügt über einen festen Torhüter.

2. Taktik

a) Angriff

Setze das Schlenzen als Torschuß ein; damit kannst du den Ball hoch im Tor placieren! Mit einem Schlenzball kannst du einen Mitspieler auch über eine weite Entfernung anspielen! Schlenze nur dann, wenn du keinen anderen Spieler dadurch gefährdest!

b) Abwehr

Beachte: Ein gekonnter Schlenzball kann die aufgerückte Abwehr überraschen! Sprecht euch innerhalb der Mannschaft auf den einzelnen Positionen ab! Vermeide beim Decken jegliche Behinderung!

3/1

3/2

3. Technik

Schlenzen

1. Schlenzen mit der Hand (ohne Stock!) vom hohen Kasten gegen die Wand (Arm als Stockersatz).

2. Schlenzen vom Kasten (Kastenteile nach und nach abbauen) mit dem Stock gegen die Wand.

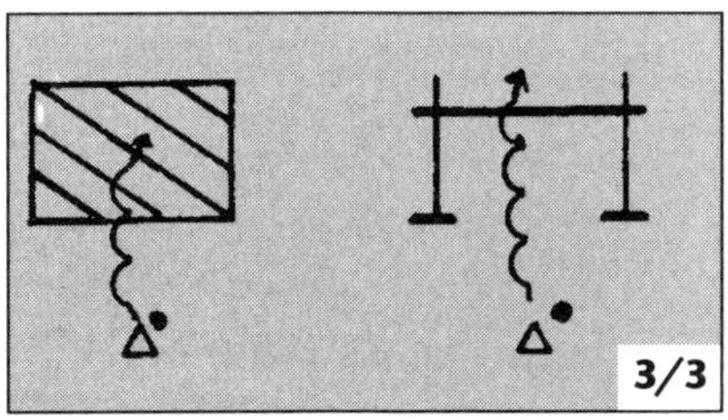

3/3

3. Schlenzen vom Boden gegen die Wand/in freien Raum/über Hindernis (z.B. Hochsprunganlage).

4. Lückenschlenzen

Mehrere Gruppen veranstalten ein Lückenschlenzen über Langbank/kleine Kästen/abgebauten großen Kasten usw. mit Kegel/Grenzfahnenstangen/Bälle etc.. *Welche Mannschaft kann die meisten Schlenzbälle durch die Lücke vermelden?*

5. Zielschlenzen

Zwei Mannschaften führen ein Zielschlenzen auf Tore aus. In den Toren hängen in unterschiedlicher Höhe Gymnastikreifen oder es stehen kleine und große Kästen bzw. Kastenteile im Tor. Aufgabe ist, den Ball durch die Gymnastikreifen (I) bzw. in das Tor (II) zu schlenzen. *Welche Mannschaft schafft die meisten Treffer?*

6. Wieviel Leben?

Zwei Gruppen schlenzen auf ein Tor (z.B. oben rechts oder unten links) von zehn verschiedenen Positionen (10 Leben). Verfehlt ein Spieler das Ziel, verliert er ein Leben. *Welche Gruppe hat die meisten Leben?*

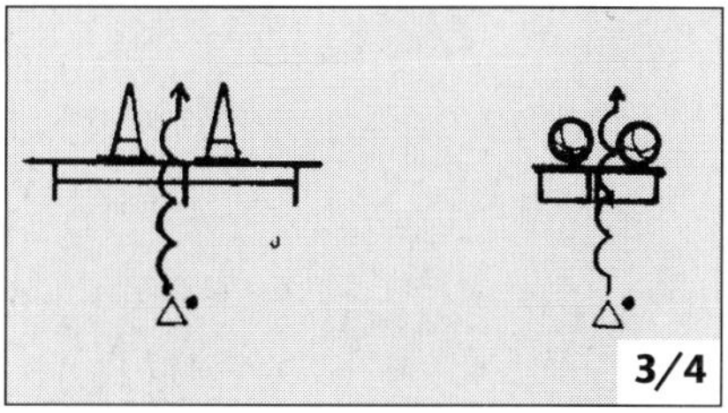

3/4

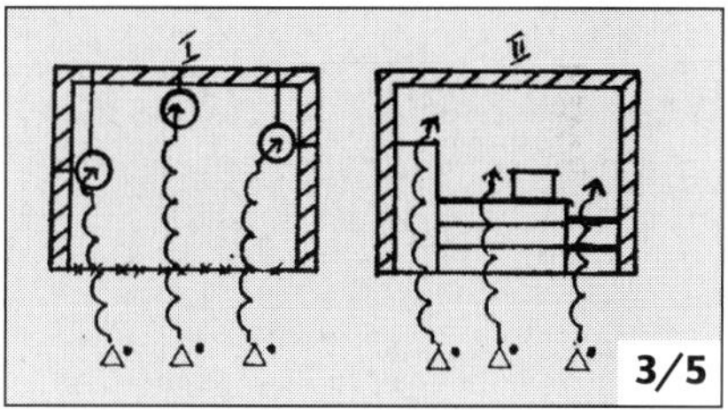

3/5

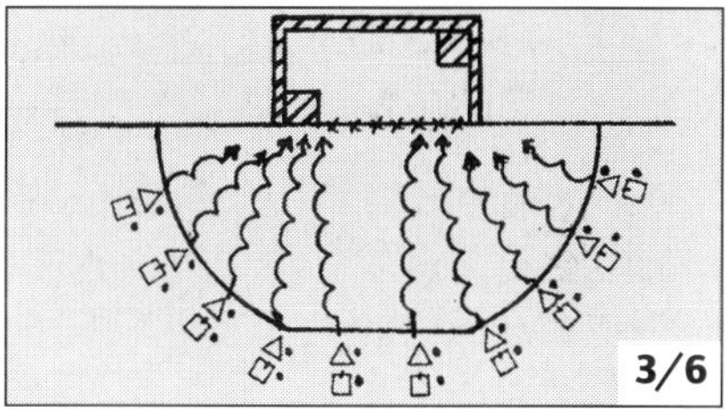

3/6

4. Bewegungsbeschreibung

a) Vorhandschlenzen des ruhenden Balles aus dem Stand

1. Die linke Schulter zeigt in Schlenzrichtung.
2. Die Füße stehen in leichter Grätschstellung quer zur Schlenzrichtung; die Knie sind leicht gebeugt.
3. Die linke Hand faßt am oberen Stockende im Grundgriff (Handrücken in Schlenzrichtung).
4. Die rechte Hand greift ca. zwei Handbreiten unterhalb der linken Hand auf der Stockwicklung (Handrücken entgegen der Schlenzrichtung).
5. Der linke Unterarm bildet mit dem Stock etwa eine Gerade.
6. Der Ball liegt ca. 1,5 Fuß vor dem linkem Fuß.
7. Die Keule liegt schräg unter dem Ball; der Stock ist stark nach hinten geneigt.
8. Starke Gewichtsverlagerung auf hinteres (rechtes) Bein.
9. Die rechte Schulter ist deutlich tiefer als die linke Schulter.
10. Schnelle Gewichtsverlagerung auf vorderes (linkes) Bein.
11. Schnelles Nachvornebringen der rechten Hand.
12. Starker Druck der linken Hand auf das Stockende (starke Kippbewegung, die rechte Hand überholt die linke Hand).
13. Ansteigen des Balles.
14. Den Stock geradlinig hinter dem Ball herführen; die Keulenspitze zeigt in der Endphase nach oben.
15. Den Stock nicht über Schulterhöhe bringen (Regelverstoß).

A

B

Die Bewegung vollzieht sich von hinten unten nach vorne oben; die Schnellkraft der Kippbewegung bestimmt die Geschwindigkeit und Härte des Balles; die Tiefe der Gewichtsverlagerung bestimmt die Höhe des Balles.

C

b) Vorübung zum Schlenzen

1. Der Spieler steht neben einem großen Kasten mit der linken Schulter in Schlenzrichtung.
2. Der Ball liegt auf dem vorderen Kastenende.
3. Die Hand schräg unter den Ball bringen (Keulenersatz).
4. Mit der Gewichtsverlagerung von hinten nach vorne und der Armstreckung (Stockersatz) den Ball „schlenzen".
5. Vergleiche die obige Bewegungsbeschreibung.

D

5. Fehlerbilder

Vorhandschlenzen des ruhenden Balles aus dem Stand

1. Die Keule liegt nicht unter dem Ball; kein Ansteigen des Balles möglich.
2. Die Keule ist nicht eng am Ball.
3. Der Stock ist zu stark geneigt; der Ball springt über die Keule.
4. Der Ball ist nicht auf der Höhe des linken Fußes.
5. Der Ball ist zu weit vom Körper, zu nah am Körper.
6. Der Körperschwerpunkt ist zu Beginn der Bewegung nicht auf dem hinteren Bein.
7. Die Kippbewegung ist zu langsam.
8. Die Hände sind zu weit auseinander; kaum Kippbewegung möglich.
9. Die Hände fassen zu eng; zu kleiner Hebel, zu großer Kraftaufwand.
10. Die Kippbewegung ist nicht abgebremst; die Keule ist über Schulterhöhe.

6. Fehlerbilderkorrektur

Vorhandschlenzen des ruhenden Balles aus dem Stand

1. Neige den Stock stärker nach hinten!
2. Setze die Keule direkt hinter den Ball; du darfst keinen Auftreffknall hören!
3. Stelle den Stock steiler!
4. Lege den Ball auf Höhe des linken Fußes!
5. Bringe den Ball soweit vom Körper, daß der Stock ca. 45° Neigung besitzt!
6. Verlagere die rechte Schulter weiter nach hinten unten!
7. Übe mit der linken Hand stärkeren Druck auf das obere Stockende aus!
8. Verringere den Abstand der Hände zueinander auf zwei Handbreiten!
9. Erweitere den Abstand der Hände zueinander auf zwei Handbreiten!
10. Bremse aktiv den Stock ab!

7. Regelausstattung

1. Du darfst beim Torschuß im Schußkreis schlenzen. (F/K/H)
2. Schlenzen kannst du auch beim 7-m-Ball. Hierbei ist jedoch nur ein Schritt Anlauf erlaubt! (F/K/H)
3. Es ist dir auch erlaubt, einen Schlenzball als Paß zu spielen, wenn du damit keinen anderen Spieler gefährdest. (F/K)

8. Allgemeine Bestimmungen

Der Schußkreis

Dem Schußkreis kommt im Hockey eine wichtige Bedeutung zu. Tore können nur dann erzielt werden, wenn der Ball im Schußkreis auf das Tor gespielt wurde oder im Schußkreis von einem Mitspieler berührt bzw. abgefälscht wurde. Regelverstöße der verteidigenden Mannschaft im eigenen Schußkreis werden mit Strafecke oder sogar mit 7-m-Ball belegt.

2.5.2 Spiel mit geschütztem Torwart I

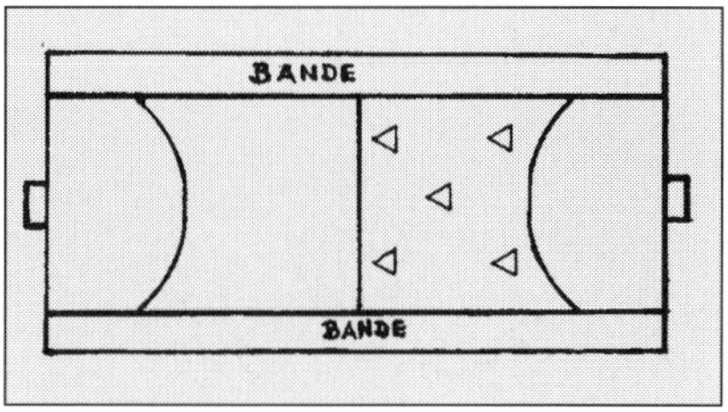

Halle 2:1:2-System

1. Spiel

Es wird erstmals mit einer den Regeln entsprechenden Mannschaft auf regelgerechte Tore gespielt. Alle bedeutsamen Regeln finden Anwendung mit Ausnahme der Regel zur Strafecke. Verstöße im Schußkreis werden außerhalb mit Freischieben für den Gegner geahndet.

2. Taktik

a) Angriff

Suche als Torwart deinen freien Mitspieler; mit jedem Abschlag beginnt ein neuer Spielaufbau! Spiele deinen Mitspieler so an, daß er den Ball gefahrlos annehmen kann!

b) Abwehr

Achte als Torwart auf die Angreifer; nicht nur speziell auf den Ballführenden! Stehe nicht zu weit vor der Torlinie, der Ball kann sich über dich ins Tor senken! Stelle dich so zum Ball, daß du auf der Winkelhalbierenden stehst! Bleibe nicht starr auf einer Position stehen, verändere sie mit dem Spielgeschehen!

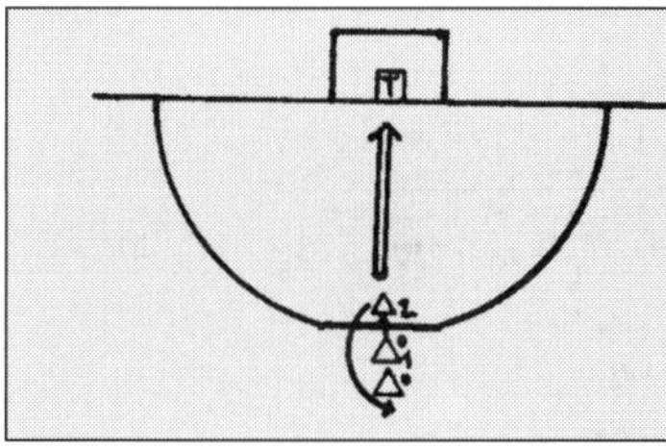

3/1

3. Technik

Torwart-Training I

1. Grundstellung des Torwarts auf der Linie: Abwehr mit Kickern, Schienen und Stock; Spieler schieben bzw. schlagen den Ball.
2. Grundstellung des Torwarts auf der Linie: Abwehr mit Körper und Hand; Stockwechsel zur Handabwehr. Spieler schlenzen.

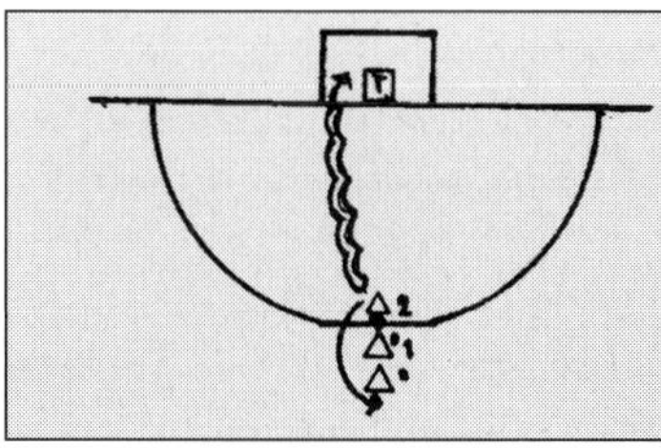

3/2

3. Stellungsspiel des Torwarts im Tor: Torwart deckt die kurze Ecke. Spieler schieben, schlagen, schlenzen zunächst alle von linker, dann von rechter Seite. Spieler schieben, schlagen, schlenzen im ständigen Wechsel mal von linker, mal von rechter Seite.

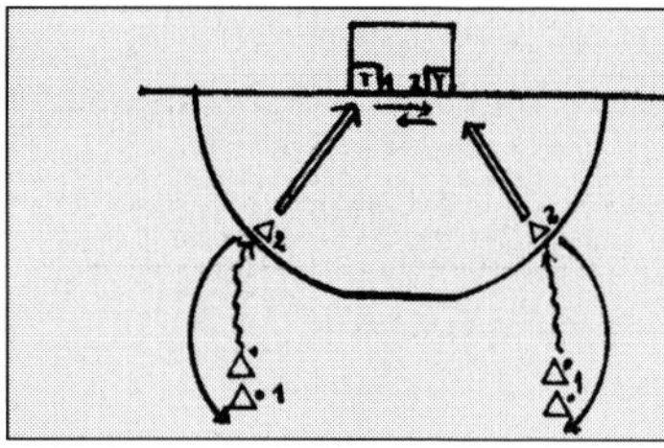
3/3

4. Stellungsspiel des Torwarts im Tor

Der Torwart verändert seine Stellung je nach Position des Angreifers. Die Schußposition am Kreis liegt im Ermessen des Spielers. Die Spieler schießen nacheinander auf das Tor; zunächst alle von links, dann alle von rechts, später in ständigem Wechsel von links und rechts.

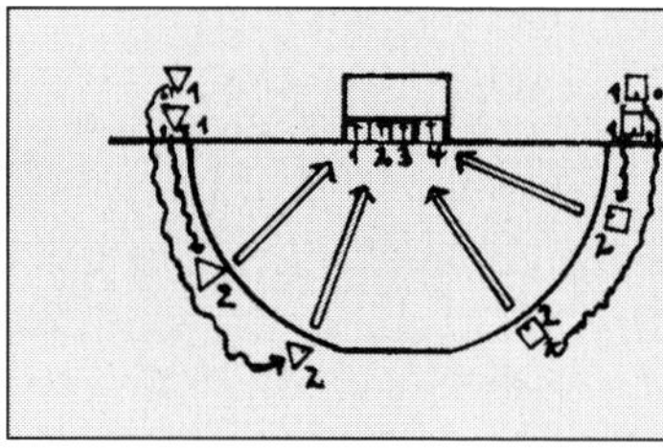
3/4

5. Förderung der Reaktionsschnelligkeit des Torwarts auf der Linie

Der Torwart steht mit dem Rücken zum Spieler auf der Torlinie. Die Spieler schieben, schlagen, schlenzen aus unterschiedlichen Positionen im Wechsel auf das Tor. Die Zeitabstände werden verkürzt, Die Schußhärte wird verstärkt. **Wichtig:** Der Spieler gibt dem Torwart vor Abgabe seines Schusses ein akustisches Zeichen, damit der Torwart sich schnell umdrehen kann.

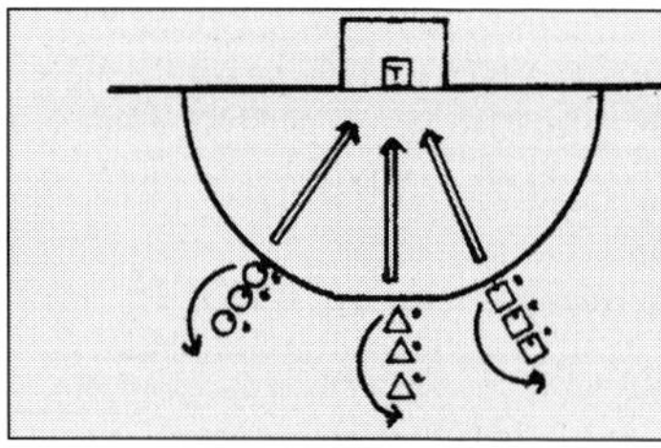
3/5

6. Förderung der Reaktionsschnelligkeit des Torwarts auf der Linie

Der Torwart steht im Tor und hat keine optische Verbindung zum Angreifer. Der Angreifer läuft durch eine Weichsprungmatte bzw. großen Kasten verdeckt auf den Torwart zu und schießt nach seinem Auftauchen hinter dem Hindernis auf das Tor. Der Weg um das Hindernis bleibt dem Angreifer freigestellt. Die zeitlichen Abstände verkürzen!

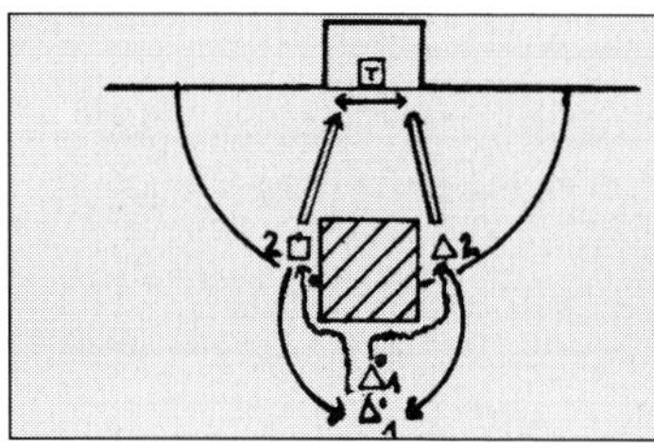
3/6

4. Bewegungsbeschreibung

a) Möglichkeiten für den Torwart, Torschüsse abzuwehren

1. unterer Bereich: Kicker/Schienen
2. mittlerer Bereich: Stock/Hand/Körper
3. oberer Bereich: Hand

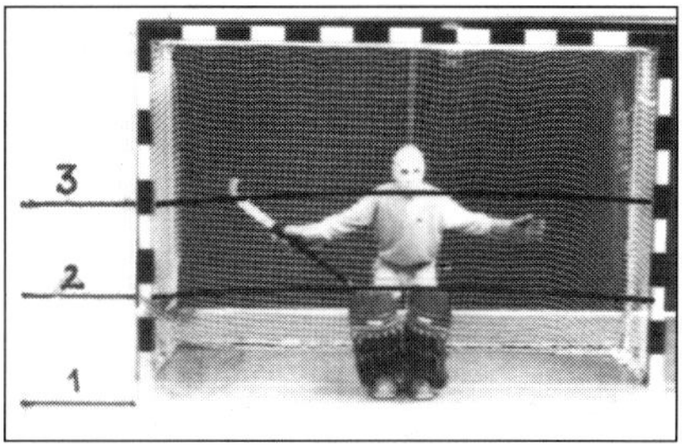

b) Torwart in Bereitschaftsstellung

1. Die Füße sind in mittlerer Grätschstellung; die Fersen sind leicht angehoben; das Gewicht liegt auf den Fußballen.
2. Die Knie-, Hüft- und Ellenbogengelenke sind leicht gebeugt.
3. Die rechte Hand greift den Stock in der Mitte; die flache Stockseite zeigt nach vorn.
4. Die linke Hand ist geöffnet, die Handinnenfläche zeigt nach vorne.

c) Abwehr durch den Torwart

1. Mit Kicker

1. Kicken mit der Fußspitze, um die direkte Gefahr abzuwenden.
2. Kicken mit der Innenseite, als Zuspiel über kurze Entfernung.

2. Mit Schiene

1. Frontal mit nach vorne geneigten Schienen, um den Ball auf den Boden abzuwehren.
2. Seitlich mit der Schiene (aus der Grätschstellung wird das Bein nach außen gedreht und gestreckt).

3. *Mit Stock*

   1. Mit der flachen Seite nach vorne den Ball bis Schulterhöhe abwehren; den Ball nicht ins Feld zurückschlagen.

4. *Mit Hand*

   1. Den Ball über Schulterhöhe - auch auf der Stockseite - mit der Hand abwehren.

   2. Jeden über kniehohen Ball auf der Handschuhseite.

   3. Den Ball nur abprallen lassen; Schlagen und Festhalten sind nicht erlaubt.

5. Fehlerbilder

Abwehr durch den Torwart

1. Der Torwart kickt den Ball hoch ins Feld zurück, der Ball steigt an (Halle).
2. Der Ball springt von der Schiene des Torwarts hoch ins Feld zurück, die Schiene ist nicht geneigt.
3. Der Torwart schlägt den Ball mit dem Stock ins Spielfeld zurück.
4. Der Torwart schlägt den Ball mit der Hand weg.
5. Der Torwart hält den Ball mit der Hand in der Luft bzw. am Boden fest.
6. Der Torwart wehrt den Ball geradlinig ins Feld zurück ab, Nachschußmöglichkeit ist gegeben.

6. Fehlerbilderkorrektur

Abwehr durch den Torwart

1. Schwinge den Kickfuß und Körper in Kickrichtung nach; deine Fußspitze zeigt zum Boden!
2. Neige die Schiene nach vorne, daß sie einen spitzen Winkel mit dem Spielfeld bildet!
3. Wehre den Ball nur mit dem Stock ab; schiebe bzw. kicke ihn dann zur Seite weg!
4. Halte den Ball nur an und lasse ihn auf den Boden abtropfen; kicke ihn oder schiebe ihn mit dem Stock seitlich weg!
5. Siehe Nr. 4!
6. Wehre den Ball zur Seitenlinie ab!

7. Regelausstattung

1. Als Torwart darfst du den Ball anhalten, mit dem Fuß wegschießen und mit dem Stock spielen. (F/K/H)
2. Als Torwart ist es dir verboten, den Ball zu fangen, ihn mit der Hand zu werfen oder ihn zu verdecken. (F/K/H)
3. Du darfst durch hohes Wegschießen des Balles den Gegner nicht gefährden. (F/K)
4. In der Halle ist es dir nur erlaubt, den Ball flach wegzukicken. (H)

8. Allgemeine Bestimmungen

Die Torwartausrüstung

1. Kicker (Füßlinge)
2. Torwartschienen
3. Unterleibsschutz
4. Brustschutz
5. Torwarthandschuhe
6. Helm
7. Stock

Abbildungen siehe Seite 97.

2.5.3 Spiel mit geschütztem Torwart II

1. Spiel

Gespielt wird vergleichbar Seite 133, 2.5.2.

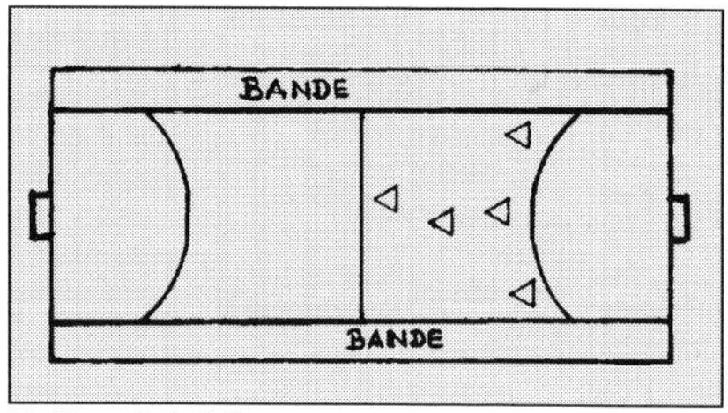

Halle 3:1:1-System

2. Taktik

a) Angriff

Wehre als Torwart den Ball so ab, daß er zum eigenen Mitspieler gelangt! Wehre den Ball so ab, daß er mittels der Bande zum Mitspieler kommt! Wehre den Ball möglichst zur Seite ab. Begleite Schüsse auf dein Tor, die außerhalb des Schußkreises abgegeben worden sind und eventuell vom Torpfosten ins Feld zurückspringen können; Nachschußmöglichkeite für den Angreifer!

b) Abwehr

Laufe als Torwart entschlossen aus deinem Tor heraus! Durch geschicktes Herauslaufen kannst du den Winkel zum Torschuß für den Angreifer verschlechtern! Als Torwart darfst du den Ball nicht festhalten; dadurch entstehen für den Angreifer Nachschußmöglichkeiten! Wehre den Ball möglichst zur Seite ab! Begleite Schüsse auf dein Tor, die außerhalb des Schußkreises abgegeben worden sind und eventuell vom Torpfosten ins Feld zurückspringen können; Nachschußmöglichkeit für den Angreifer!

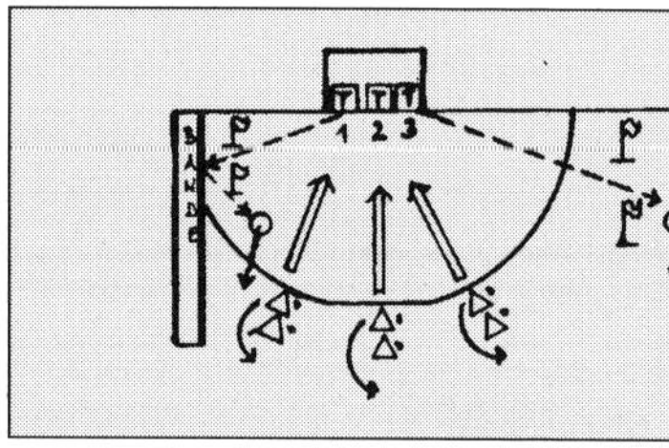

3/1

3. Technik

Torwart-Training II

1. Abwehr des Torwarts auf der Linie mit Zuspiel an Mitspieler. Der Torwart wehrt mittels Kickern auf der Linie so ab, daß der Ball durch ein Grenzfahnentor zum eigenen Mitspieler gelangt, der einen Gegenangriff initiiert; in Halle Zuspiel zum Mitspieler indirekt über die Bande. Die Spieler schieben auf das Tor.

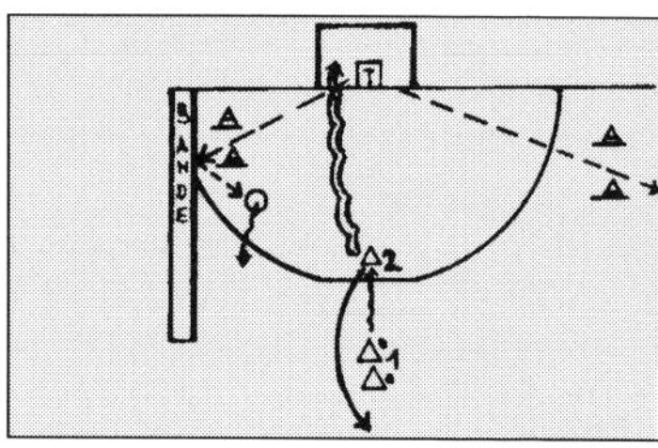

3/2

2. Abwehr des Torwarts auf der Linie mit Zuspiel an Mitspieler. Der Torwart wehrt ab wie oben, jedoch mittels Handschuh, Stock, Körper und Schienen. Die Spieler schlagen bzw. schlenzen.

3. Herauslaufen des Torwarts mit Winkelverkürzung. Der Torwart läuft aus dem Tor, um den Winkel für den Angreifer zu verkürzen; der Torwart wehrt mit Körper, Kickern bzw. Stock ab.

4. Herauslaufen des Torwarts mit Winkelverkürzung

Der Torwart läuft aus dem Tor bis zur Schußkreislinie vor, um den Winkel für den Angreifer zu verkürzen; zudem kann der Angreifer außerhalb des Schußkreises keine Tore erzielen. die Spieler greifen von verschiedenen Positionen aus an.

5. Verhalten des Torwarts beim Nachschuß

Der Torwart wehrt einen Torschuß auf der Linie ins Feld zurück ab; der Spieler setzt nach, um mit einem Nachschuß ein Tor zu erzielen.

6. Verhalten des Torwarts beim Nachschuß

Der Spieler läuft in den Schußkreis und schießt auf das Tor. Der Torwart wehrt in das Feld zurück ab. Der Spieler „o" verfügt über einen eigenen Ball und schießt sofort nach. Die Schußpositionen werden variiert.

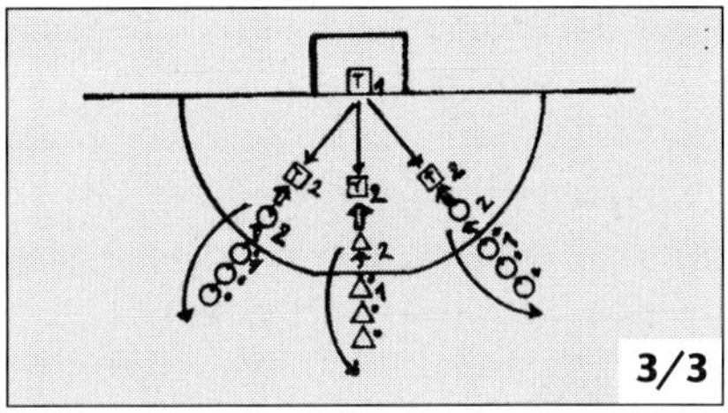

3/3

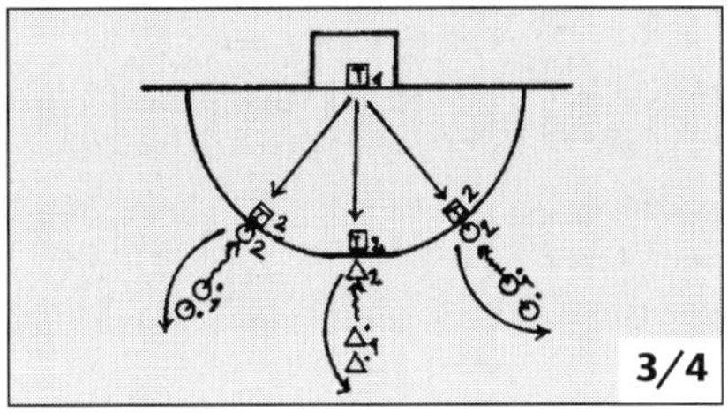

3/4

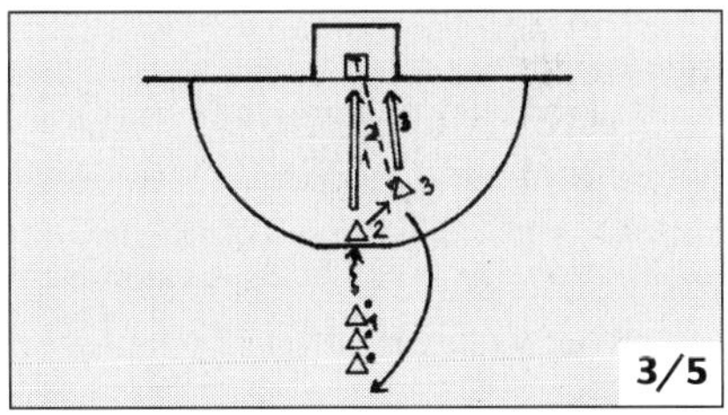

3/5

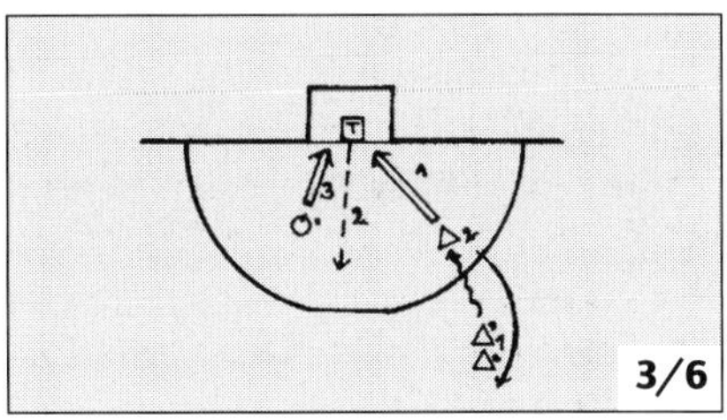

3/6

4. Bewegungsbeschreibung

a) Stellungsspiel des Torwarts

1. Der Torwart steht auf einer gedachten Linie - der Winkelhalbierenden.
2. Die Schenkel des Winkels werden durch Verbindungslinien Ball und beide Torpfosten gebildet.
3. Läuft der Angreifer mit dem Ball von der Seite auf das Tor, steht der Torwart näher zum entsprechenden Torpfosten; er deckt die „kurze" Ecke.
4. Der Torwart steht so, daß er mit kleinen Abwehrbewegungen einen Torschuß verhindern kann.

b) Winkelverkürzung durch Herauslaufen

1. Das Stellungsspiel des Torwarts richtet sich nicht nur nach der Position des Schützen, sondern auch nach dessen Entfernung zum Tor.
2. Greift ein Spieler allein an, muß sich der Torwart auf den Schützen zubewegen, um den Schußwinkel zu verkleinern.
3. Der Torwart kann mit Ausfallschritten den Abwehrbereich vergrößern; der Ausfallschritt kann schräg nach vorne ausgeführt werden; damit wird eine weitere Winkelverkürzung erreicht.
4. Der Torwart wirft sich seitlich vor den angreifenden Spieler, um mit seiner ganzen Körperfläche den Ball abzuwehren; der Torwart verfügt über die größte Abwehrfläche.
5. Der Torwart versucht, den Angreifer bereits am Schußkreis abzublocken; der Angreifer kann außerhalb des Schußkreises keinen Torschuß abgeben, wenn er alleine auf das Tor zustrebt (H).

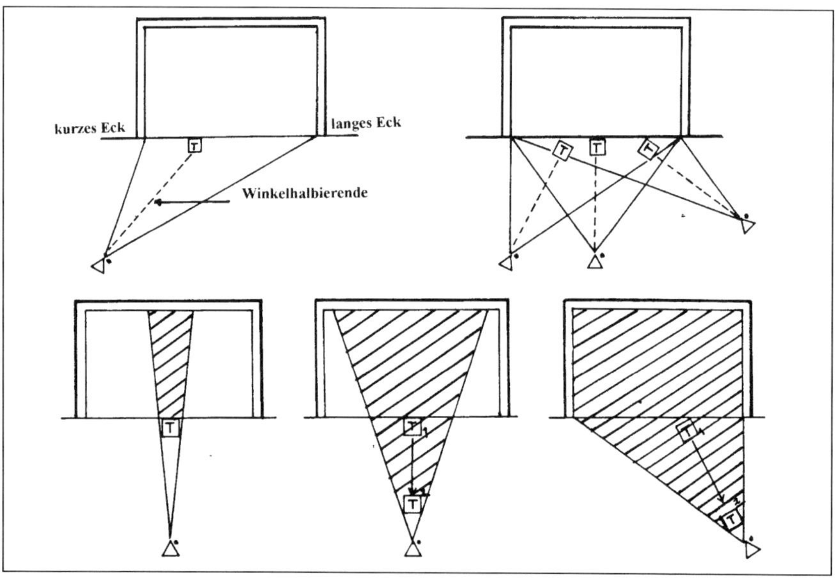

5. Fehlerbilder

Stellungsspiel des Torwarts/Winkelverkürzen durch Herauslaufen

1. Der Torwart steht nicht auf der Winkelhalbierenden.
2. Der Torwart deckt bei einem Angriff über die Seite nicht die kurze Ecke.
3. Der Torwart bleibt auf der Linie; großer Einschußwinkel, gute Position für den Schützen.
4. Der Ausfallschritt geschieht parallel zur Torlinie; großer Einschußwinkel für den Schützen.
5. Der Torwart wirft sich zu früh, er kann durch eine Finte ausgespielt werden.
6. Der Torwart läßt den Angreifer in den Schußkreis eindringen; der Angreifer erhält eine Torschußmöglichkeit. (H)

6. Fehlerbilderkorrektur

Stellungsspiel des Torwarts/Winkelverkürzen durch Herauslaufen

1. Beobachte die Position des Balles; ändere mit ihm deine Position im Tor!
2. Stelle dich direkt neben den Pfosten!
3. Laufe entschlossen heraus; Zögern vergrößert die Chancen für den Schützen; verkürze den Winkel, um den Schützen in eine ungünstige Position zu bringen!
4. Mache den Ausfallschritt nach schräg vorne!
5. Bleibe so lange wie möglich stehen, um die Absicht des Schützen zu antizipieren!
6. Blocke den Angreifer bereits am Schußkreis ab (H)!

7. Regelausstattung

1. Der Schiedsrichter verhängt einen 7-m-Ball, wenn du im eigenen Schußkreis einen absichtlichen Regelverstoß begehst, oder wenn durch deinen unabsichtlichen Regelverstoß eventuell ein Torerfolg der angreifenden Mannschaft verhindert wurde. (F/K/H)
2. Den 7-m-Ball darfst du als Schiebe-, Schlenzball (F/K/H), Hebeball (H) ausführen. Er kann in beliebiger Höhe ansteigen. Du darfst den Ball nur einmal berühren und nur einen Schritt zu ihm machen. Danach darfst du dich weder dem Ball noch dem Torwart nähern.
3. Als Torwart stehst du auf der Linie. (F/K/H)
4. Alle nichtbeteiligten Spieler der Mannschaft stehen hinter der näher gelegenen Viertellinie (F), außerhalb des Schußkreises (K), hinter der Mittellinie. (H)

8. Hinweise

Beendigung des 7-m-Balles

Ein Tor ist erzielt, wenn der Ball die Torlinie zwischen den Torpfosten unterhalb der Querlatte passiert hat.

Begeht der Torwart beim 7-m-Ball einen Regelverstoß, so entscheidet der Schiedsrichter auf Straftor, selbst dann, wenn der Torwart den Ball gehalten hat.

Bleibt der Ball im Schußkreis liegen, in den Schienen des Torwartes hängen, wird vom Torwart gefangen, oder verläßt er den Schußkreis, ist der 7-m-Ball beendet. Ein Nachschuß ist nicht möglich. Das Spiel wird durch die verteidigende Mannschaft mit Freischlag (F/K) bzw. Freischieben (H) wieder aufgenommen.

2.5.4 Spiel nach Regeln I

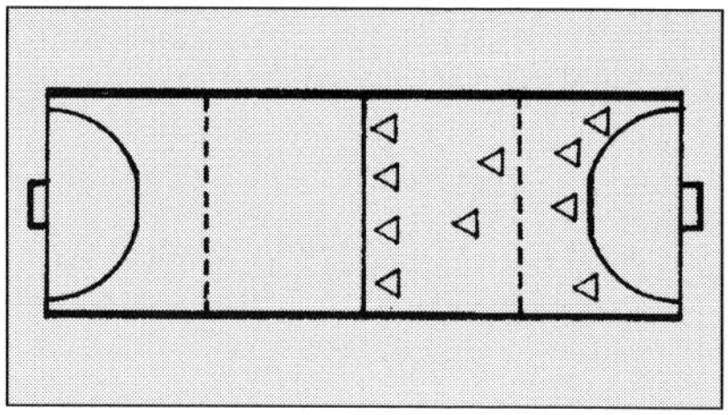

Feld 4:2:4-System

1. Spiel

Es wird erstmals nach den offiziellen Regeln gespielt.

2. Taktik

a) Angriff

Schiebe schnell und präzise den Ball zum Stopper! Schiebe den Ball auf die Höhe des näheren Torpfostens; das ist der kürzeste Weg! Variiert eure Strafeckenausführung; jede Abwehr hat sich schnell auf die gleiche Strafeckendurchführung eingestellt! Versuche, falls nötig, den Torwart auszuspielen!

b) Abwehr

Die Aufgaben der einzelnen Spieler sollten schon vor Spielbeginn festgelegt sein!

3. Technik

Strafecke - Ausführung

1. Einschieben zum Stopper durch Kegel u.ä. mit Stockstopp. (F/K/H)
2. Einschieben, Stopp, Schuß auf das Tor ohne Torwart durch Grenzfahnenstange u.ä..
3. Ausführung der Strafecke in der Halle; Variation I.

Torwart steht im Tor.

Einschieber (1) gibt Ball herein - Stopper (2) leitet weiter - Schütze (4) schießt auf das Tor. (Der Ball muß vor dem Torschuß von einem der Angreifer korrekt angehalten worden sein oder zur Ruhe gekommen sein.)

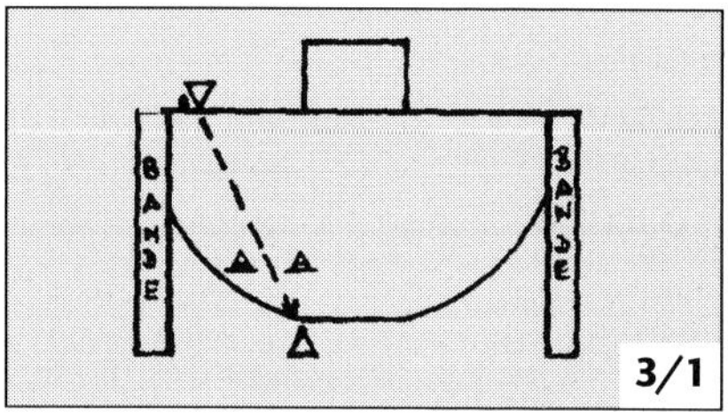

3/1

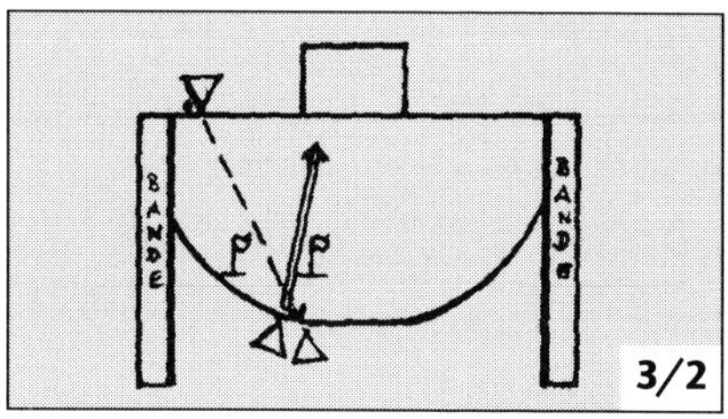

3/2

4. Ausführung der Strafecke

Ausführung der Strafecke in der Halle; Variation II.

Torwart steht im Tor.

Einschieber (1) gibt Ball herein - Stopper (2) leitet Ball weiter - Angreifer (4) leitet den Ball weiter – Einschieber (1) läuft in den Schußkreis und schießt auf das Tor.

(Der Ball muß vor dem Torschuß von einem der Angreifer korrekt angehalten worden sein oder zur Ruhe gekommen sein oder den Stock bzw. den Körper eines Verteidigers berührt haben.)

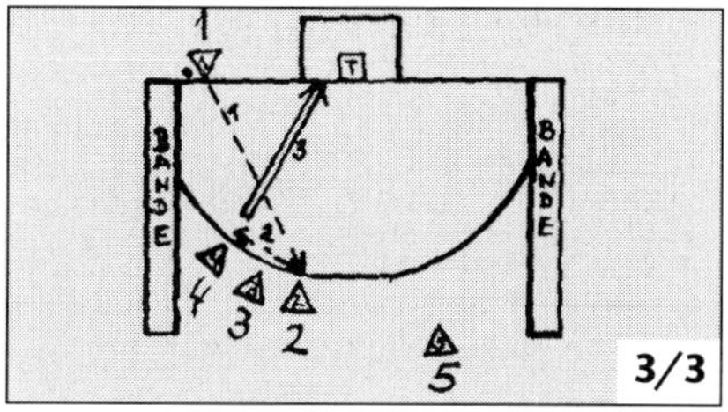

3/3

5. Ausführung der Strafecke

Ausführung der Strafecke auf dem Feld/Kleinfeld.

Torwart steht im Tor.

Einschläger (1) schlägt Ball in den Schußkreis – Stopper (2) läuft in den Schußkreis, stoppt Ball tot und schießt auf das Tor.

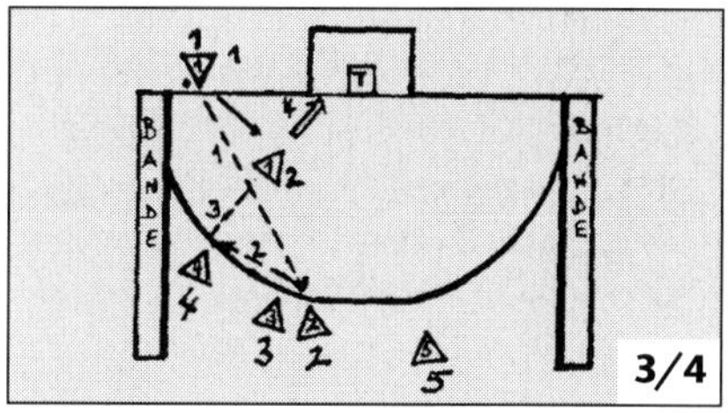

3/4

6. Ausführung der Strafecke

Ausführung der Strafecke auf dem Feld/Kleinfeld; Variation I.

Torwart steht im Tor.

Einschläger (1) schlägt Ball in den Schußkreis – Stopper (2) läuft in den Schußkreis und leitet Ball weiter – Einschläger (1) läuft in den Schußkreis und schießt auf das Tor.

(Der Ball muß vor dem Torschuß von einem der Angreifer korrekt angehalten worden sein.)

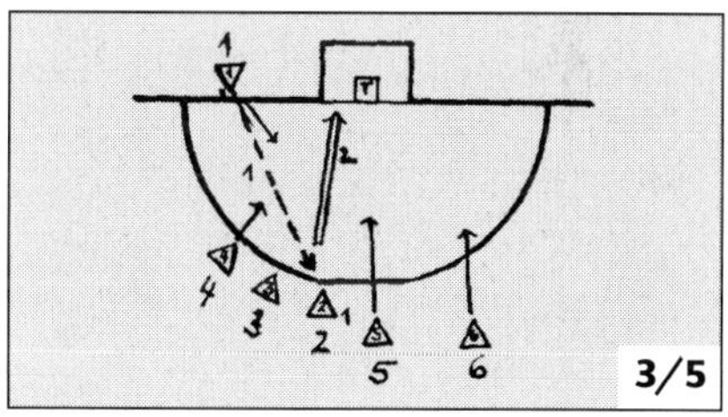
3/5

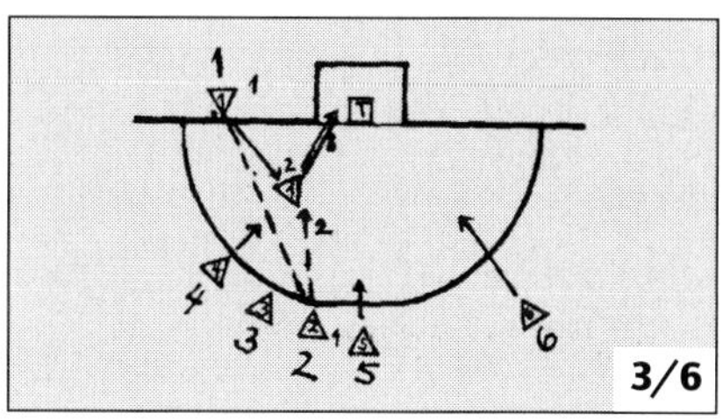
3/6

4. Bewegungsbeschreibung

a) Strafecke - Ausführung in der Halle

1. Der Einschieber steht mindestens 6 m vom Torpfosten entfernt auf der Torlinie; die ausführende Mannschaft besitzt die freie Wahl der Torseite (am besten die linke Seite aus der Sicht der Angreifer).
2. Der Einschieber muß mindestens einen Fuß vollständig außerhalb des Spielfeldes auf dem Boden haben; er darf den Schußkreis mit einem Fuß betreten.
3. Der Stopper, der Schütze und die übrigen Spieler der angreifenden Mannschaft stehen mit ihren Stöcken außerhalb des Schußkreises.
4. Der Stopper steht in der Höhe des vorderen Torpfostens vom Einschieber aus gesehen.
5. Der Schütze wird zwischen dem Stopper und der Bande neben dem Stopper postiert.
6. Nach dem Einschieben laufen der Stopper und der Schütze zum Ball ein bis zwei Schritte in den Schußkreis.
7. Der Stopper stoppt den Ball mit dem Stock bewegungslos.
8. Der Schütze schiebt, schlenzt auf das Tor.
9. Alle Angreifer laufen gleichzeitig in den Schußkreis.
10. Der Spieler im Rückraum sichert nichtgestoppte Bälle, um einen Tempogegenstoß der verteidigenden Mannschaft zu verhindern.

b) Strafecke - Ausführung im Feld

1. Der Einschläger steht mindestens 9,14 m vom Torpfosten entfernt auf einem Punkt der Torlinie; die ausführende Mannschaft hat die freie Wahl der Torseite (am besten die linke Seite aus der Sicht der Angreifer).
2. Der Einschläger muß mindestens einen Fuß außerhalb des Schußkreises haben; er darf den Schußkreis mit einem Fuß betreten.
3. Alle übrigen Angreifer stehen mit ihren Stöcken außerhalb des Schußkreises, innerhalb des Spielfeldes.
4. Der Einschläger schiebt oder schlägt den Ball in den Schußkreis; er darf nicht absichtlich hoch schlagen.
5. Der Schütze läuft ca. 3 m in den Schußkreis.
6. Der Schütze hält den Ball mit dem Stock bewegungslos an und schlägt den Ball sofort auf das Tor (maximal 46 cm, Höhe des Torbrettes), bzw. schiebt auf das Tor; beim zweiten Torschuß darf der Ball auch über 46 cm Höhe ansteigen.
7. Gleichzeitig laufen die übrigen Angreifer in den Schußkreis, um bei schlecht abgewehrten Bällen die Nachschußmöglichkeiten auszunutzen.
8. Der Nachstopper steht hinter dem Schützen, um einen versprungenen Ball anzuhalten.
9. Der Nachstopper dringt sofort in den Schußkreis ein, um auf das Tor zu schießen.

Beachte: Jede Mannschaft sollte mehr als eine Eckenausführung beherrschen!

A

B

C

5. Fehlerbilder

Strafecke - Ausführung

1. Das Zuspiel an den Stopper erfolgt ungenau in den Schußkreis.
2. Der Stopper läßt den Ball unter dem Stock durchlaufen.
3. Der stoppende Schütze läßt den Ball passieren.
4. Der Ball wird nicht bewegungslos angehalten.
5. Der Ball wird im Feld beim ersten Torschuß über 46 cm hoch auf das Tor geschlagen.
6. Die Angreifer setzen nicht nach, schwach abgewehrte Bälle werden nicht zum Torschuß genutzt.

6. Fehlerbilderkorrektur

Strafecke - Ausführung

1. Spiele mehrfach Einschiebepässe bzw. Schläge durch begrenzten Raum, um die Zielsicherheit zu erhöhen!
2. Setze den Stock fest auf den Boden!
3. Bilde mit dem Stock ein Dach; gib elastisch nach, um die Härte des gespielten Balles zu mindern!
4. Siehe Nr. 3!
5. Schlage den Ball flacher, gegebenenfalls unter einer Zauberschnur durch!
6. Lauft alle beim Einschieben in den Schußkreis, außer dem Nachstopper!

7. Regelausstattung

1. Du verursachst eine Strafecke, wenn du als Verteidiger innerhalb des eigenen Schußkreises regelwidrig spielst. (F/K/H)
2. Weiter wird auf Strafecke erkannt, wenn du den Ball absichtlich ins eigene Toraus schlägst bzw. schiebst. (F/K/H)
3. Zudem erkennt der Schiedsrichter auf Strafecke bei absichtlichem Regelverstoß im letzten Spielfeldviertel (F) oder in der eigenen Spielfeldhälfte. (K/H)
4. Der Ball muß einmal vor dem Torschuß außerhalb des Schußkreises bewegungslos angehalten werden oder von selbst zur Ruhe gekommen sein. (F/K/H)
5. Der Ball muß bewegungslos oder nahezu bewegungslos angehalten werden; er darf sich nicht mehr als 10 cm vom Stock wegbewegen. (F/K/H)

8. Hinweise

Strafecke - Ausführung

Die ausführende Mannschaft entscheidet, von welcher Seite die Strafecke ausgeführt wird.

Die Strafecke wird nicht angepfiffen. Hat der Ball die Keule des Einschiebers verlassen, dürfen die Angreifer in den Schußkreis laufen. Betreten die Angreifer zu früh den Schußkreis, kann der Schiedsrichter die Strafecke wiederholen lassen; bei einem Nachteil für die Verteidiger kann er aber auch sofort auf Freischlag oder Freischieben für die verteidigende Mannschaft erkennen. Ebenso verfährt er bei wiederholtem Regelverstoß der Angreifer. Der Einschieber kann nicht direkt ein Tor erzielen. Kein Spieler - außer dem Einschieber - darf näher als 3 m (H) bzw. 5 m (F/K) zum Ball stehen.

2.5.5 Spiel nach Regeln II

1. Spiel

Es wird weiterhin nach den offiziellen Regeln des DHB gespielt.

2. Taktik

a) Angriff

Die Aufgaben in der Mannschaft sollten schon vor Beginn des Spiels abgesprochen sein!

b) Abwehr

Sprecht euch in der Abwehr ab, ob der Torwart vor oder hinter der Deckung spielt! Laßt den schnellsten Abwehrspieler zum Stopper bzw. Schützen laufen! Zwei Spieler helfen, das Tor abzusichern!

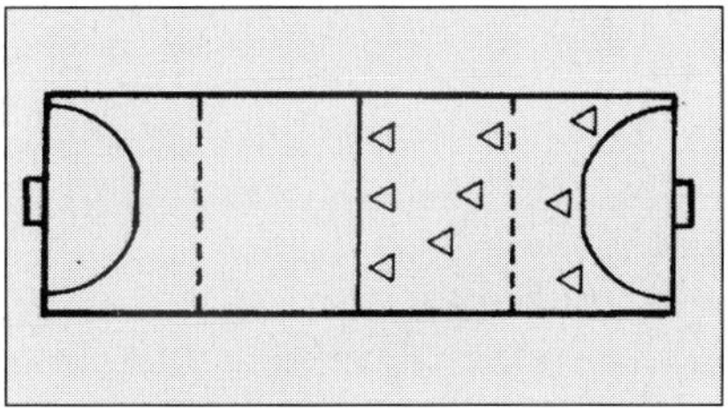

Feld 1:3:3:3-System mit Libero

3. Technik

Strafecke - Abwehr

1. Abwehr der Strafecke mit Torwart und einem Abwehrspieler bei Einschieber, Stopper und Schütze. (Halle)

Torwart bleibt im Tor - Abwehrspieler (1) läuft auf Stopper und Schützen zu.

2. Abwehr der Strafecke mit Torwart und drei Verteidigern bei Einschieber, Stopper und Schütze. (Halle)

Torwart macht einen Schritt vor die Torlinie - Verteidiger (1) läuft auf Stopper und Schützen zu - Verteidiger (4) läuft hinter Torwart her ins kurze Eck zur Torsicherung und Abwehr des Einschiebers - Verteidiger (5) läuft ins lange Eck zur Torsicherung.

3. Abwehr der Strafecke als Standardsituation mit Torwart hinter der Deckung. (Halle)

Torwart macht einen Schritt vor die Torlinie - Verteidiger (1) läuft auf Stopper und Schützen zu - Verteidiger (2) läuft auf Angreifer (A)

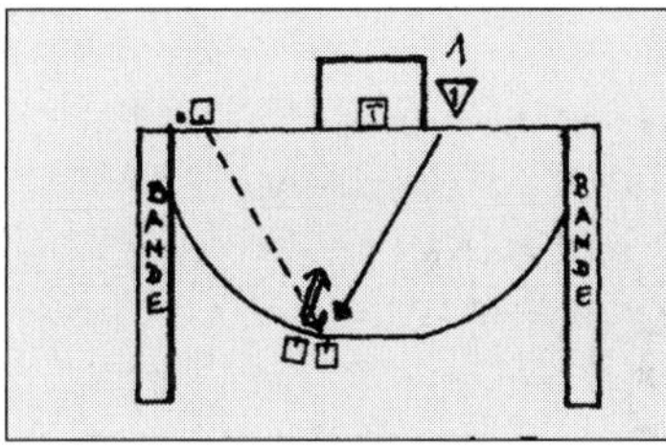

3/1

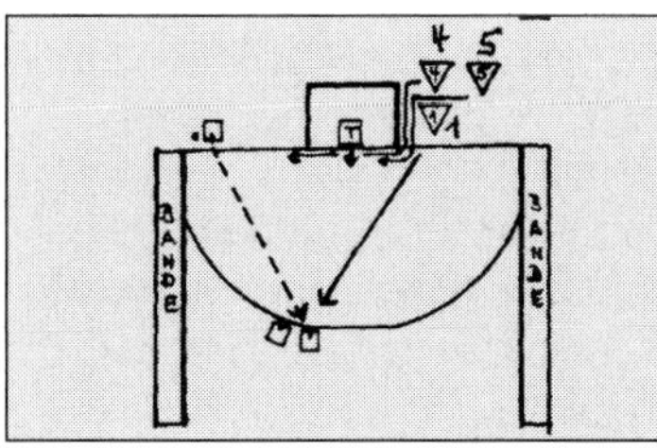

3/2

zu - Verteidiger (4) läuft hinter Torwart her ins kurze Eck - Verteidiger (5) läuft ins lange Eck - Verteidiger (3) läuft in den Schußkreis, um eventuell einen Tempogegenstoß einzuleiten.

4. Abwehr der Strafecke

Abwehr der Strafecke als Standardsituation mit Torwart vor der Deckung. (Halle)
Torwart läuft aus dem Tor auf Stopper und Schützen zu - Verteidiger (1) läuft auf Angreifer (A) zu - Verteidiger (2) läuft auf Stopper zu - Verteidiger (4) läuft ins kurze Eck bzw. neben den Torpfosten, um eventuell Einschieber abzublocken - Verteidiger (5) läuft ins Tor zur Torsicherung - Verteidiger (3) läuft in den Schußkreis, um eventuell Tempogegenstoß einzuleiten.

5. Abwehr der Strafecke

Abwehr der Strafecke als Standardsituation mit Torwart hinter der Deckung. (Kleinfeld)
Torwart läuft kurz vor das Tor - Verteidiger (2 und 4) bleiben im Tor zur Torsicherung - Verteidiger (3) läuft auf Schützen zu - Verteidiger (1 und 5) laufen auf Angreifer zu wie in Zeichnung.
Im Feld dürfen nicht mehr als fünf Abwehrspieler hinter der Tor- oder Grundlinie stehen; die übrigen Spieler stehen hinter der Mittellinie.]

6. Abwehr der Strafecke

Abwehr der Strafecke als Standardsituation mit Torwart vor der Deckung. (Kleinfeld)
Torwart läuft auf Schützen zu - Verteidiger (2 und 4) bleiben zur Torsicherung zurück - Verteidiger (1 und 3 und 5) laufen in „zweiter Welle" auf Angreifer wie in Zeichnung zu [Abwehrspieler: siehe Nr. 5].

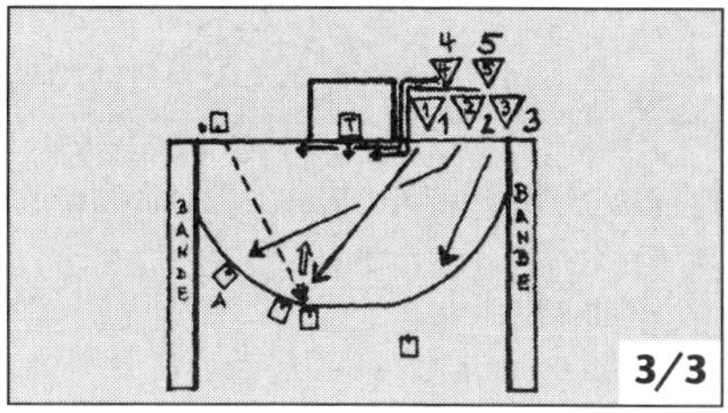

3/3

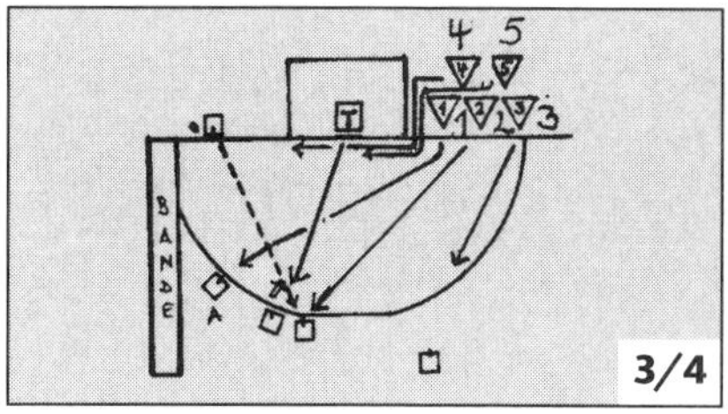

3/4

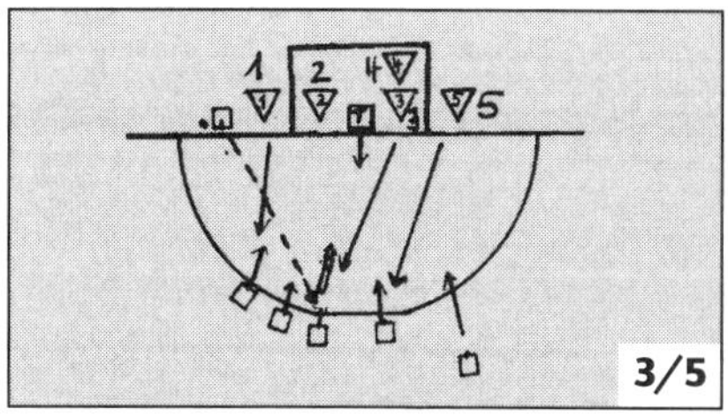

3/5

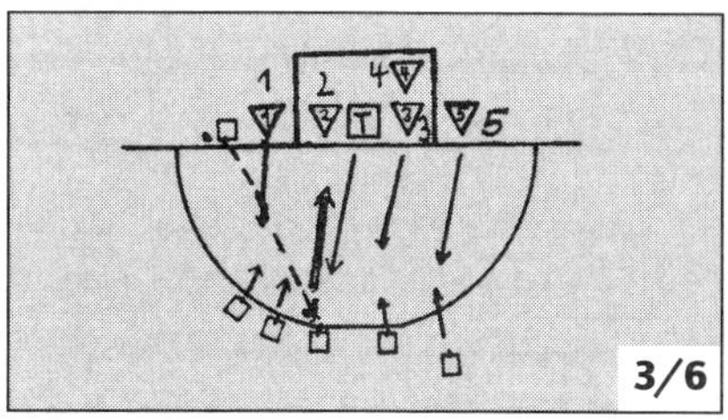

3/6

4. Bewegungsbeschreibung

a) Strafecke - Abwehr

Torwart hinter der Deckung (Halle)

1. Alle Verteidiger stehen auf der entgegengesetzten Seite des Tores, von der die Strafecke ausgeführt wird.
2. Alle Verteidiger stehen mit ihren Stöcken hinter der Grundlinie in zwei Reihen.
3. Der schnellste Verteidiger steht neben dem Torpfosten und läuft auf den Schützen zu.
4. Die übrigen laufen auf die abgesprochenen Plätze für die Torsicherung, Abwehr von Angriffsvarianten, für Tempogegenstoß (siehe Graphiken S. 147+148).

b) Torwart vor der Deckung (Halle)

1. Alle Verteidiger stehen auf der entgegengesetzten Seite des Tores, von der die Strafecke ausgeführt wird.
2. Alle Verteidiger stehen mit ihren Stöcken hinter der Grundlinie in zwei Reihen.
3. Der Torwart läuft auf den Schützen zu, um mit ganzem Körpereinsatz den Ball abzuwehren.
4. Die anderen Spieler laufen wie abgesprochen (siehe Graphik S. 148).
5. Die Spieler der hinteren Reihe sichern das Tor.

c) Torwart hinter der Deckung (Feld/Kleinfeld)

1. Nicht mehr als fünf (F) bzw. sechs (K) Spieler der verteidigenden Mannschaft dürfen die Strafecke abwehren; die übrigen Verteidiger müssen sich hinter der Mittellinie aufhalten.
2. Die fünf bzw. sechs Verteidiger stehen mit ihren Stöcken hinter der Torlinie im Tor oder hinter der Grundlinie zu beiden Seiten des Tores, jedoch mindestens 4,55 m vom Ausführenden entfernt.
3. Zwei (F) bzw. drei (K) Spieler stehen zunächst zur Torsicherung im Tor hinter der Torlinie.
4. Der Torwart läuft kurz vor das Tor.
5. Der schnellste Abwehrspieler, der vom Einschläger aus am nächsten Torpfosten steht, läuft auf den Schützen zu.
6. Die übrigen Verteidiger laufen auf die vereinbarten Positionen; keine „zweite Welle" möglich.

d) Torwart vor Deckung (Feld/Kleinfeld)

1. Nicht mehr als fünf (F) bzw. sechs (K) Spieler der verteidigenden Mannschaft dürfen die Strafecke abwehren; die übrigen Verteidiger müssen sich hinter der Mittellinie aufhalten.
2. Die übrigen fünf bzw. sechs Verteidiger stehen mit ihren Stöcken hinter der Torlinie im Tor oder hinter der Grundlinie zu beiden Seiten des Tores, jedoch mindestens 4,55 m vom Ausführenden entfernt.
3. Zwei (F) bzw. drei (K) Spieler stehen zunächst zur Torsicherung im Tor hinter der Torlinie.
4. Zwei Spieler bleiben als Torsicherung auf der Torlinie zurück.
5. Die restlichen Verteidiger laufen in zweiter Welle, falls der Torwart ausgespielt wird, auf die abgesprochenen Positionen.

5. Fehlerbilder

Strafecke - Abwehr

1. Der schnellste Verteidiger läuft nicht auf den Schützen zu (bei Torwart hinter der Abwehr).
2. Der Torwart läuft nicht schnell genug auf den Schützen zu (bei Torwart vor der Abwehr); die schnellsten Spieler folgen ihm.
3. Die Spieler der zweiten Reihe bilden keine Torsicherung (H).
4. Die Torsicherung fehlt gänzlich (F/K).
5. Kein Tempogegenstoß wird initiiert.

6. Fehlerbilderkorrektur

Strafecke - Abwehr

1. Postiert den schnellsten Spieler neben den entfernten Torpfosten (H), an den näheren Torpfosten vom Ausführenden aus gesehen (F/K)!
2. Als Torwart mußt du direkt nach dem Einschieben/Einschlagen losspurten; die übrigen Spieler folgen dir, um Torschußmöglichkeiten zu verhindern, falls du umspielt wirst!
3. Als Spieler der zweiten Reihe lauft zur Torsicherung in die kurze und lange Ecke des Tores (H)!
4. Stelle vor Ausführung der Strafecke sofort zwei (F) bzw. drei (K) Spieler in das Tor (F/K)!
5. Die Strafecke müßt ihr offensiv abwehren, um sie für euren eigenen Spielaufbau zu nutzen!

7. Regelausstattung

1. Die Strafecke ist beendet, wenn ein Tor erzielt worden ist, der Ball über die Torauslinie geht oder den Schußkreis an irgendeiner Stelle um mehr als 5 m oder zum zweiten Mal verlassen hat, der Angreifer einen Regelverstoß begeht, gegen dich als Verteidiger ein 7-m-Ball verhängt wird. (F/K/H)

8. Hinweise

Strafecke - Abwehr

Die Strafecke wird nicht angepfiffen. Die Verteidiger dürfen sich erst dann bewegen, wenn der Ball gespielt wurde. Laufen die Verteidiger zu früh in den Schußkreis oder über die Mittellinie, wird die Strafecke wiederholt. Der Schiedsrichter sollte nur dann auf eine Wiederholung erkennen, wenn den Angreifern dadurch kein Nachteil entsteht. Bei einer guten Torschußposition für die Angreifer sollte er das Spiel weiterlaufen lassen. Laufen die Verteidiger bei einer Ecke zweimal zu früh heraus, soll der Schiedsrichter die grüne Karte hochhalten und auf den 7 m-Punkt deuten, um die Spieler zu warnen. Läuft ein Spieler derselben Mannschaft bei irgendeiner Strafecke zu früh, muß der Schiedsrichter 7 m pfeifen.

Literaturverzeichnis

Bartenbach, Klaus/Schmidt, Gerhard: Hockey, Grund- und Aufbaukurs, Schorndorf 1980
Beigel, K./Gruner S./Gehrke T.: Gymnastik falsch und richtig, Hamburg 1998
Blum, Bruno/Wöllzenmöller, Franz: Stretching: Bessere Leistungen in allen Sportarten, Oberhaching 1985
Budinger, Hugo/Hillmann, Wolfgang: Hockey, Methodische Übungs- und Spielreihen, Köln 1981
Budinger, Hugo/Hillmann, Wolfgang/Strödter, Wolfgang: Hockey, Hamburg 1980
Cadmann, John: Games for Hockey Training, London 1981
Cadmann, John/Heumen van, W.M.: INDOOR HOCKEY, London 1978
Deutscher Hockeybund: Hockeyregeln für Feld und Halle, Sindelfingen 1999
Deutscher Hockeybund: Spielordnung, Sindelfingen 1998
Dietrich, Knut: Fußball, spielgemäß lernen – spielgemäß üben, Schorndorf 1977
Dietrich, Knut/Dürrwächter, Gerhard/Schaller, Hans-Jürgen: Die großen Spiele, Wuppertal 1982
Dietrich, Knut/Landau, Gerhard (Hrsg.): Beiträge zur Didaktik der Sportspiele, Schorndorf 1974
Döbler, Erika/Döbler, Hugo: Kleine Spiele, Berlin 1975
Gröger, Alfred: Turn- und Neckspiele, Leipzig 1927
Knebel, Karl-Peter: Funktionsgymnastik, Hamburg 1985
Kerkmann, Klaus: Kleine Parteiballspiele, Schorndorf 1979
Konzag, Gerd: Übungsformen für die Sportspiele, Berlin 1979
Kos, Bohumil: Gymnastik, 1200 Übungen, Berlin 1976
Lammich, Günter/Kadow, Heinz: Spiele für das Fußballtraining, Berlin 1979
Ledwig, Dieter: Hockey, Düsseldorf 1978
Müller, Josef/Jens-Paul Rabe: Hockeytraining mit Jugendmannschaften, München 1988
Nagel, Volker/Wolkup Marianne: Techniktraining im Hockey, Ahrensburg 1992
Neumaier, August/Zimmermann, Elke: richtig Konditionsgymnastik, München 1982
Podesta, Terry: hockey for men and women, West Yorkshire 1977
Roy, Adolf: richtig Fitnessgymnastk, München 1984
Scheuer, Wolfgang: Hockey, Stuttgart 1982
Schladitz, Wolfram: Hockey, Berlin 1981
Stelter, Alexander: richtig entscheiden, Berlin 1986
Sternad, Dagmar: richtig Stretching, München 1996
Wein, Horst: Hockey, Niedernhausen 1977
Wein, Horst: Taktik im Hallenhockey und ihre Lehrweise, Münster 1969
Zimmermann, Hans Joachim: Regel-Fibel Hockey, Hamburg 1984

Register

Nachwort

Dieses Buch wurde geschrieben, um dem Lehrer und dem Trainer eine lebendige und praktische Anleitung zur spielgemäßen Einführung in das Sportspiel Hockey in Schule und Verein zur Verfügung zu stellen. Es soll in kompakter Form die Arbeit erleichtern, indem es Spiele, Spiel- und Übungsformen, Gymnastikteile, Techniken und Taktiken, sowie Regelwerk und Allgemeine Hinweise für die tägliche Trainingsarbeit bereitstellt.

Die vielen positiven Reaktionen auf die 1. Auflage haben uns gezeigt, daß dieses Werk vor allem wegen der spielgemäßen Konzeption **– man spielt von Anfang an Hockey! –** angenommen und damit gearbeitet wird.

Diese sehr intensive Nutzung des Buches ist für uns die größte Anerkennung.

Unser Dank gilt Herrn Hans Braun, Fitness- und Rückenschullehrer vom Gesundheitspark Braun, Krefeld, für seine Hilfe bei der Überarbeitung der Gymnastikübungen sowie Herrn Ralph Bonz, Rheinbek, Mitglied der Schiedsrichterkommission des DHB bei der Aktualisierung der Hockeyregeln.

Josef Marx *Günter Wagner*

Autoren

Josef Marx

studierte in Neuss und in Düsseldorf
Lehrtätigkeit seit 1968 an Haupt- und Realschulen
Lehrauftrag für das Sportspiel Hockey nach 1982 am Institut für Sport der Heinrich-Heine-Universität Düsseldorf

Autoren

Günter Wagner

studierte in Neuss
Lehrtätigkeit seit 1974 an verschiedenen Schulformen
Schwerpunkt im Rahmen seines Sportunterrichtes in Krefeld ist Hockey